Support
for people
with
reading disabilities

読書
バリアフリー
サポート入門

誰もが読書を
楽しめる社会へ

成松一郎・野口武悟
［著］

読書工房

はじめに

　「読書バリアフリー」ということばを聞いて、みなさんはどんなイメージをもつでしょうか。ことばは聞いたことがあるという人でも、具体的にどんな人が必要としていて、どんな人がサポートを担っているのか、知らないという人が多いと思います。

　従来、そのイメージを代表していたのは、「見えない・見えにくい」という立場の人の存在だったと思います。しかし、ほかにも、さまざまな理由で読書にバリアを感じている人たちがいます。見た目には障害があるように見えないけれど、実際には生活上でさまざまなバリアに直面している人たちの存在です。たとえば、身体障害のなかでも、ロービジョン（弱視）の人や聴覚に障害のある人、内部障害のある人や難病患者などの多くがそうですし、身体に障害がなくても、学習障害や発達障害のある人がそれにあたり、近年メディアで取り上げられるようになり、関連する書籍が出版され、少しずつ理解が広がりつつあります。

　しかし、それぞれの立場の人へのサポートについては、まだ確立されているとはいえません。「合理的配慮」ということばが法律にも明記されていますが、バリアを感じている人が必要な配慮を周囲に求めることから「サポート」が始まるので、サポートを担う立場の人にとっては、まずバリアに直面している立場の人の要望を聴くことが大切です。

　そして、障害や立場によっては、コミュニケーションに困難のある人もいますので、研究者の講演や著書を通して、ある程度の知識を得ておくことも必要だと思います。近年は発達障害のある人や聴覚障害のある人などによる「当事者研究」として、自分の困っていることや、対処法について当事者ならではの研究も進み、書籍も出版されている

ので、参考になります。また、日本においては、近年急増している外国にルーツのある人にとっての「読書バリアフリー」も考えていく必要があり、本書では障害のある人へのサポートと同様に取り上げています。

　この本の１章では、「見えない・見えにくい」立場の人たちのほかに、「読みにくい」立場の人や、「わかりにくい」立場の人について取り上げています。また、「読書バリアフリー」の歴史について、このことばが生まれる前の取り組みから紹介します。

　２章では、読書のバリアを解消するために製作されている「バリアフリー図書」をはじめとするバリアフリーな読書メディアを紹介します。

　３章では、公共図書館・学校図書館・大学図書館・点字図書館・国立国会図書館といったそれぞれの機関が「読書にバリアのある人」へのサポートをどのようにおこなっているのかについて、実践事例をまじえて紹介します。

　４章では、出版社や書店の取り組みを紹介します。これまで出版業界の取り組みはかなり遅れていましたが、少しずつ動きはじめました。

　５章では、学校や図書館、家庭など身近な場所ですぐにできるサポートについて、Ｑ＆Ａ形式で紹介します。

　６章では、読書バリアフリーに関連する法律や制度について解説し、巻末には、読書バリアフリーを理解するためのブックリストも掲載しています。

　この本が読書バリアフリーを必要としている人をサポートするためのきっかけや入口になることを願っています。

2025年３月

成松一郎

野口武悟

もくじ

はじめに ……… 3

1章 読書バリアフリーとは …9

読書のバリアを感じている人たち ……………………… 10

不読の人の約3割が挙げている理由とは ………………………… 10

読書のバリア＝障害や健康上の問題だけではない ……………… 11

読書にまつわる3つのバリア ……………………………… 11

「見えにくい」「見えない」というバリアを感じている人 ……… 12

①ロービジョン（弱視）の人 …………………………………… 12

Column 中途でロービジョンになる人への情報提供が不足している ……… 16

②全盲の人 ……………………………………………………… 17

Column 同行援護制度の中の代筆・代読サービスについて …………… 17

「読みにくい」というバリアを感じている人 …………… 18

①肢体に不自由のある人 ……………………………………… 18

Column 視線入力装置を使う重度障害のある読者 ………………… 20

② 読み書き障害（ディスレクシア）のある人 …………………… 21

Column ルビ（よみがな）や分かち書きの有用性 ………………… 24

「わかりにくい」というバリアを感じている人 ………… 25

①知的障害などにより、文字や文章の理解にバリアがある人 …… 25

Column ピクトグラム（絵記号）などの活用 ………………………… 27

② 生まれつき、あるいは幼い頃から聴覚障害のある「ろう者」 ……… 28

Column 「手話＝ことば」であることを認めてほしいというろう者の願い … 29

③外国にルーツのある人たち ………………………………… 30

Column 外国にルーツのある人がことばを学ぶための保障 ………… 31

④加齢や病気により認知が低下する傾向にある人 …………… 32

Column 認知症フレンドリー社会 ……………………………… 32

読書のバリアフリーの歴史 ……………………………… 33

第二次世界大戦前の読書バリアフリー ……………………… 33

第二次世界大戦後～1970年代の読書バリアフリー………………………… 36

1980年代以降の読書バリアフリー ………………………………………… 38

狭義の障害者サービス ……………………………………………………… 39

多文化サービス ……………………………………………………………… 44

高齢者サービス ……………………………………………………………… 45

アウトリーチサービス ……………………………………………………… 46

2章 さまざまなバリアフリー図書 … 49

さまざまな読書スタイルについて周知していくこと …………………… 50

バリアフリーな読書メディアの紹介 ……………………………………… 51

大きな文字の本（大活字本）……………………………………………… 52

オーディオブック …………………………………………………………… 56

点字つき さわる絵本 ……………………………………………………… 58

LLブック（わかりやすい本）…………………………………………… 61

布の絵本 ……………………………………………………………………… 64

多言語の本、日本語多読の本 …………………………………………… 66

短くて読みやすい本（ショートストーリー）……………………………… 68

マンガ ………………………………………………………………………… 70

字幕付き動画・音声ガイド付き動画 ……………………………………… 72

手話動画 ……………………………………………………………………… 73

デジタル図書（電子書籍、マルチメディアDAISY図書など）………… 74

3章 図書館における取り組み事例と現状 … 79

3-1 公共図書館における取り組み ………………………………………… 80

3-2 学校図書館における取り組み

3-2-1 小学校・中学校・高等学校 ……………………………………… 84

3-2-2 特別支援学校

3-2-2-1 視覚障害特別支援学校 ………………………………… 91

3-2-2-2 聴覚障害特別支援学校 ………………………………… 96

3-2-2-3 知的障害特別支援学校 ………………………………… 99

3-2-2-4 肢体不自由特別支援学校 ……………………………… 102

3-2-2-5 病弱・身体虚弱特別支援学校 ………………………… 105

3-3 大学図書館における取り組み ……………………………………… 106

3-4 点字図書館における取り組み ……………………………………… 110

3-5 国立国会図書館における取り組み ………………………………… 115

4章 出版社・書店における取り組み事例 … 119

5章 身近な場所ですぐできるサポートとは … 127

外見だけでは障害や病気があることがわかりにくい「見えない障害」 …………… 128

学校現場で ………………………………………………………………… 129

Q クラスにディスレクシアと思われる子どもがいます。どのようなサポートが考えられるでしょうか？ **129**

Q 学校図書館で「読書バリアフリー」の取り組みをおこないたいと思います。すぐにできることとして、どんなことがありますか？ **129**

Q 学校図書館で「りんごの棚（バリアフリー図書の棚）」を作ってみたいと思っていますが、予算があまりないのであきらめています。なにか方法はあるでしょうか？ **130**

Q 学校図書館でも「サピエ図書館」が利用できるでしょうか？ **131**

Q マルチメディアDAISY図書は販売されていないと聞きましたが、どうすれば利用できるでしょうか？ **132**

Q 一般の小学校で学校司書をしています。教員と連携して、ディスレクシアの子どものサポートに取り組んでいきたいのですが、先生は忙しくてなかなかコミュニケーションがとれません。どのようにアプローチすればよいでしょうか？ **133**

公共図書館の現場で ···· 134

Q読書バリアフリーの利用者を一人でも増やしていきたいと思いますが、どんなPR方法があるでしょうか？ **134**

Qヨーロッパでは、移民や難民の人への情報提供やことばの学習の場として、公共図書館が使われているということを耳にします。日本で同様の取り組みを進めていくためにはどんなアプローチが考えられるでしょうか？ **135**

Q聴覚障害のある利用者へのサポートとしては、どのようなことが可能でしょうか？ **135**

Qせっかく「対面朗読室」を設置しているのですが、ほとんど利用がありません。どうすれば活用されるようになるでしょうか。 **136**

家庭で ···· 137

Q子どもに本を読ませたいと思っているのですが、なかなか読もうとしません。視覚に障害はないのですが、どうも文字を読むことが苦手なようです。どんなアドバイスをするとよいでしょうか？ **137**

Q子ども（高校生）に読み書きの障害があります。教科書については、DAISY教科書を申請することができたのですが、教科書以外の参考書や大学の過去問題などではどのようなサポートが可能でしょうか？ **137**

Qもともと映画が好きだったのですが、進行性の目の病気により、視力が低下し視野が狭くなってしまったため、楽しめなくなってしまいました。もう一度楽しむための方法はあるでしょうか？ **138**

Q緑内障が進行し、最近は文字を読むことがむずかしくなってきました。家族からは「見えているうちに点字を覚えなさい」と繰り返し言われているのですが、どのように点字を覚えればよいか見当がつきません。 **138**

6章 読書バリアフリー関連の法律・制度 ··· 139

7章 「読書バリアフリー」を理解するための ブックリスト ··· 150

索引 ···· 152

おわりに ···· 164

読書のバリアを感じている人たち

Chapter 1 - 1

⇒ 不読の人の約3割が挙げている理由とは

　2024年9月、文化庁は「令和5年度　国語に関する世論調査」を発表しました。とくに「不読率」が6割を超えたという記事がNHKをはじめ、新聞各紙で取り上げられたため、世の中では衝撃をもって受け止められたようです。今回の調査の対象は16歳以上ですので、従来取り上げられることの多かった「子どもの読書離れ」や「子どもの不読率」とは異なる調査であることに注意する必要があります。

　今回の調査でたいへん興味深いのは、「なぜ本を読まないのですか」という理由を聞いていることで、およそ3割の人が「視力など健康上の理由」を挙げていることです。おそらく「"読みたくても読めない状態"に置かれている人たちが3割いる」ということが言えるのだと思います。

　このことからも「読書バリアフリー」を通して、読書環境を改善していくことによって、「読みたくても読めない状態」に置かれている人たちが直面しているバリアを取り除いていくことができるのだと考えられます。

※参考資料：令和5年度国語に関する世論調査（文化庁）
　https://www.bunka.go.jp/koho_hodo_oshirase/hodohappyo/94111701.html

⇨ 読書のバリア＝障害や健康上の問題だけではない

　先ほど「不読」の人には、「読みたくても読めない状態にある人」を含んでいる可能性について述べました。

　こういう話をすると、「読書のバリア＝障害や病気のある人だけの問題」というイメージだけが先行してしまいがちですが、この本では、障害のある人を含め、実際にはさまざまな立場の人が、それぞれのバリアに直面していることを知ってもらうことを目指しています。

　2019年に成立した読書バリアフリー法の正式名称は、「視覚障害者等の読書環境の整備の推進に関する法律」ですが、この法律名からもわかるように、視覚障害のある人をはじめ、さまざまな立場の人が必要としている「読書環境」は、一人ひとり異なり、一人ひとりがどんな読書環境を求めているのかを学び、具体的にどのような環境整備が可能なのか、どのようなサポートが可能なのかについて考えていくことが必要であると考えます。

⇨ 読書にまつわる3つのバリア

　本書の1章では、まず読書にバリアを感じている人について、3つのキーワードから、バリアが生まれやすい現状について説明していきます。

　そのキーワードは、つぎの3つです。

① 見えにくい・見えない

② 読みにくい

③ わかりにくい

11

繰り返しになりますが、「これらのバリアを感じるのは、その人に障害があるから」という理由探しをおこなうのではなく、環境とのマッチングに関係があるというとらえ方をし、どのように環境を整備することができるのかを考えていければと思います。

→ 「見えにくい」「見えない」というバリアを感じている人

① ロービジョン（弱視）の人

　厚生労働省の統計によると、日本の視覚障害者の数は、約30万人とされています。しかし、2007年日本眼科医会は、日本の障害者に関する統計は外国に比べて少なく見積もられているとし、独自の方法で約164万人という推計を出したことがあります。

　視覚障害とは、眼鏡やコンタクトレンズでの矯正がむずかしく、日常生活に何らかの支障が生じている状態のことをいいます。

　さて、これらの数の中には、まったく視覚を使うことができない全盲の人と、残存視力があり、ある程度視覚を使うことはできるのですが、見えにくさを感じているロービジョン（弱視ともいいます）の人がいます。

　はっきりとした統計はありませんが、視覚障害者のおよそ7〜8割はロービジョンであると言われています。

　まず最初に、「見えにくい」バリアのある人が書いた文章を読んでみましょう。

　　ロービジョン（弱視）の人への配慮を考える際に重要なのは、視力、視野、明暗など見え方が人によって異なるということ、その見え方によって配慮することが異なるということ、つまり個別

の対応が望まれるということである。

　ちなみに私の場合は、視力0.03（右）、0.01（左）で、かなり低いのだが、視野は中心暗転（中心部分の視野が欠けている）という状態のため、握りこぶしほどの大きさの文字を見ようとするときは、20センチくらい距離をおかないと視認できない。一方、周辺視野は見えているため、混雑した駅などでもある程度人にぶつからずに歩くことができる。

　光の明暗はそれほど影響はないが、コントラストが似ている色は認識することがむずかしい。例えば、黄緑と黄色、水色と白などの色は、クレヨンや絵の具のパレットに並べられると、違いがわかりにくくなる。

（村上卓也「ロービジョン当事者が語る子どもと読書、図書館利用術」『多様性と出会う学校図書館　――一人ひとりの自立を支える合理的配慮へのアプローチ』p74-75　読書工房）

　この文章を書いている村上さんのように、中心部分の視野が欠けていることを「中心暗転」と呼びます。この見え方の人の場合、読書などで文字をたどって読む際、見えない部分があり、読みにくさを感じてしまいます。

●中心暗転のある人の見え方

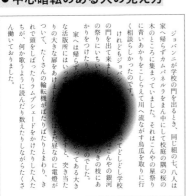

一般の人の見え方

読書のバリアを感じている人たち

「見えにくさ」を感じる人の中には、以下のような見え方をしている人もいます。

● **視野狭窄のある人の見え方**

周辺の視野が欠けていることを「視野狭窄(しやきょうさく)」と呼び、見えている範囲を角度を使って「○度」と表します。一般の人は、片目では鼻側および上側で約60度、下側に約70度、耳側に約90〜100度の視野があると言われています（両目ではもう少し広い視野になります）。

視野狭窄の人の中には、片目の視野が5度とか10度しかないという人もいます。

この見え方の人の場合、少ない文字数の文字は読めるので、視力検査では、比較的良い視力という結果が出ますが、長文の文章を読む際、読みにくさを感じることが多くあります。

● **まぶしさのある人の見え方**

目の中に強い光が飛び込むと、どんな人でもまぶしさを感じると思います。目の病気のある人では、このようなまぶしさを日常的に強く感じる人が多く、この症状のことを「羞明(しゅうめい)」と呼びます。この症状が強い人は、晴れた日に外を歩くことができないほどです。

読書においては、紙の種類（光を反射しやすいコート紙など）や紙

の色（純白など）によって、強いまぶしさを感じて読みにくかったり、あるいは電子書籍を読む際、タブレット端末やパソコンのバックライトがまぶしくて読みにくさを感じやすいと言われています。

※参考資料：「見えない」「見えにくい」とは？　視覚障害リハビリテーション協会
https://www.jarvi.org/about_visually_impaired/

●ロービジョンのさまざまな見え方を疑似体験するアプリ

- Low Vision Simulator（慶應義塾大学　中野泰志研究室）

    対応OS：iOS、アンドロイド

    https://psylab.hc.keio.ac.jp/app/LowVision/

　このアプリでは、「中心暗転」「視野狭窄」「まぶしさ」のあるロービジョンの人の見え方を疑似体験できるほか、「ぼやけ」や「眼球振盪（がんきゅうしんとう）＝自分の意思とは関係なく、眼球が動いてしまう状態」の疑似体験もできます。

- 見え方紹介アプリ（日本弱視者ネットワーク）

    対応OS：iOS、アンドロイド　※環境によってダウンロードできない場合あり。

    https://jakushisha.net/miekata_apps.htm

　このアプリでは、「羞明・夜盲症（やもうしょう）」「視野狭窄」「中心暗転」の見え方を紹介しています。

中途でロービジョンになる人への情報提供が不足している

　白内障、緑内障をはじめ、糖尿病性の視覚障害や、近年日本人にも増えてきていると言われている加齢黄斑変性症など、さまざまな目の病気により、40代、50代の人たちがロービジョンとなり、仕事を続けることがむずかしくなったり、車の運転や家事など、日常生活を今までどおり続けられるかどうか、不安を抱えている人たちが少なくありません。近年は眼科の中でも「ロービジョンケア」ということばを使い、単に目の病気を治すだけではなく、ロービジョンになった人の生活の質（QOL＝Quality Of Life）を高めるための相談に乗ったり、役にたつ道具などについてのアドバイスをする機関が増えてきました。

　しかし、まだ全国的にはそうした機関が不足していますし、情報も不足しています。

　一部の地域では、その役割を点字図書館と呼ばれている視覚障害者情報提供施設が担っている地域もありますが（110ページ参照）、そのような専門施設は、都道府県に平均1〜2館しかないため、十分な対応とは言えません。

　これから期待されるのは、全国に3,300館以上ある地域の公共図書館でロービジョンのある利用者への情報提供がされていくことですが、まだまだこれからという段階です。一部の地域では、点字図書館と公共図書館が連携する動きがはじまりつつあり、そのような動きが全国に広がっていくことを期待したいと思います。

② 全盲の人

　ここまで見てきたように、「見えにくい」というバリアを感じている人であっても、残された視力を使ったり、ルーペ（拡大鏡）や拡大読書器などの道具を使うことによって、読書をすることが可能です。

　それでは、それ以外のまったく「見えない」人（全盲と呼ばれます）の場合はどうでしょうか。

　生まれつき、あるいは幼い頃から全盲の人は、盲学校で点字を使った読み書きを学習することによって、触覚を使った読書をおこなっている人がいます。中途視覚障害の人でも、適切な学習環境があれば、点字を使うことが可能です。

　また、耳から音声で本の内容を聴き取ることで、読書することも可能です。

Column

同行援護制度の中の代筆・代読サービスについて

　視覚障害のある人へのサービスとして、よく知られているのはガイドヘルプ（移動支援）だと思います。ガイドヘルパーの肘をつかんで、いっしょに歩いている視覚障害のある人を街で見かけたことがある人は多いと思います。

　以前は、ガイドヘルプをする人の役割が移動支援だけに限られていましたが、視覚障害のある人の外出先でのニーズをもっとサポートするため、2011年10月より「同行援護制度」が新設され、正式に移動時または外出先における代筆・代読というサービス内容が加えられました（制度上、自宅の中ではこのサービスが受けられません）。

読書のバリアを感じている人たち

　同行援護のサービスを受けるためには、暮らしている市町村に申請し、認定を受ける必要があり、そもそもこのサービスの存在が一般に知られていないため、全国の同行援護の事業所は現在8,000あるのですが、利用しているのは視覚障害者の1割程度にとどまっているそうです。

※参考資料：読売新聞2024年12月27日　ヨミドクター
　https://www.yomiuri.co.jp/yomidr/article/20241218-OYTET50007/

⇨「読みにくい」というバリアを感じている人

① 肢体に不自由のある人

　つぎの記事は、生まれつき脳性まひのある人へ読書についてインタビューしているものです。

　「本には苦手意識がある」。生まれつき脳性まひを患う佐賀市の北古賀雄三さん（39）は、多くの時間を自宅で過ごすが、読書の習慣はほとんどない。

　きっかけは小学校の頃の苦い経験だ。夏休みに宿題の読書感想文を書くため図書館で本を借りたが、ページをめくるときについ指先に力が入り、びりびりと破ってしまった。親からは叱られた。障害の影響で意思とは関係なく体の部位が勝手に動く「不随意運動」が原因。自分ではどうしようもできないのに、その不条理にいら立ちが募った。

　電動車椅子で書店に行っても棚の上段に並ぶ本のタイトルが見えない。手の届かない位置の本を取るときは介助者や店員、他の客にお願いする。本当は何冊も確認して選びたいが、できない。

「申し訳なくて、（頼むのも）気が引ける」と胸の内を明かす。

　北古賀さんの知人男性は、筋肉が衰えていく筋ジストロフィーで、車椅子に本を支える机とスタンドを取り付けて介助者にページをめくってもらうなどして読書をする。ただ、介助者がいる時間は限られ、いつでも本が読めないのが悩みだという。北古賀さんも同じように、好きなときに本を読めないのがつらかった。

西日本新聞2023年11月3日　https://www.nishinippon.co.jp/item/n/1141887/

　2023年夏、第169回芥川賞を受賞した作家の市川沙央さんが筋疾患先天性ミオパチーという病気を持っていたことや、『ハンチバック』という作品が作者自身を投影していて、登場人物に「私は紙の本を憎んでいた」というセリフを語らせたこと、そして、贈呈式の場で、「読書バリアフリー」の必要性をアピールしたことがたいへん話題になりました。

　このニュースが反響を呼び、2019年に読書バリアフリー法が成立した際、新聞・雑誌・テレビ・ラジオなどのマスメディアがほとんど報じなかった「読書バリアフリー」というテーマが、市川さんのニュース以降、たくさん取り上げられるようになったことは特筆すべきことだと思います。

　一般に肢体に不自由のある人の読書に対するバリアとしては、紙の本のページを自分ではめくれない、あるいは、めくりにくいということだけが指摘されてきました。しかし、実際には、肢体不自由と一言でいっても、さまざまな障害の種類があり、不便なこと、バリアになっていることはたくさんあります。

　たとえば、態勢を保持することがむずかしい障害の人の場合、集中して本を読む姿勢がなかなかとりづらい。また、不随意運動がある人にとっては、視線を固定することがむずかしい。障害によっては、視覚

読書のバリアを感じている人たち

障害を併せもつ人も少なくないため、「読みにくさ」も感じてしまうことなどが挙げられます。

　不随意運動により、ページをめくるのがむずかしく、本のページに折り目をつけてしまったり、やぶってしまった経験のある人も少なくありません。

> **Column**
>
> **視線入力装置を使う重度障害のある読者**
>
> 　作家・市川沙央さんが作品やインタビューなどを通して、訴えた「読書バリアフリー」の要になっているのは、紙の本が出版されるだけでなく、電子書籍も出版されることにより、読者が読書スタイルを選択することができるという問題提起でした。
>
> 　実際、そのような流れに出版界も動きはじめていると思います。
> 　肢体に不自由のある人もその障害や病気によって、さまざまなニーズがありますが、電子書籍のメリットとしては、読者の側で使いやすいデバイスを選択することができるということだと思います。たとえば、指先を使ってキーボードやタブレット端末によるフリック入力がむずかしい障害の人の場合、音声入力を活用する方法も考えられますし、言語障害があって、音声入力がむずかしい人の場合には、視線入力という方式も考えられます。以前はその装置が高価でしたが、最近は安価なものも出てきていて、電子書籍の閲覧だけでなく、たとえば、自分でブログを書くなど、情報発信の際に活用している人がいます。
>
> ※参考資料：ポランの広場（島根大学・伊藤史人助教のサイト）
> 　https://www.poran.net/ito/

② 読み書き障害（ディスレクシア）のある人

　最近、日本においても、マンガやドラマの登場人物として、発達障害や学習障害のある人が登場することが増えてきました。

　つぎの文章は、ディスレクシア当事者で現在、言語聴覚士を務めている人の文章です。

　僕は、まったく読めない／まったく書けないわけではありませんが、困り感があるのかないのかでいえば、大いにあります。

　読みにおいては、文章の音読・黙読が遅く、文字に対応する音がぱっと出てきません。読み間違えることもたびたびあります。声に出して音読すると、読むことに必死になるため内容が頭に入ってきません。

「さ」という文字を見て、「sa」という音を頭に思い浮かべ、口に出すこと。そして「さかな」という文字列を見て、「sakana」という音を思い浮かべることは、おそらくみなさんにとっては自然なことであり、音を頭に思い浮かべないほうがむずかしいくらいのことではないかと思います。

　しかし、僕にとっては暗号を読み解いているような感覚なのです。

　これは高校時代に検査をして、読み書きが「小2レベル」といわれた頃から今も変わらない感覚です。

　すらすらと読めない暗号文をなんとか読み上げたあとには、どっと疲れが出て眠たくなってしまいます。僕にとって「文字を読む」というのは、それだけ集中しないとできない「むずかしいこと」なのです。

関口裕昭『読み書きが苦手な子を見守るあなたへ　─発達性読み書き障害のぼくが父になるまで』ポプラ社

読書のバリアを感じている人たち

　この文章にもあるように、ディスレクシアの人は、まったく読めない・書けないのではなく、一般の人のようにすらすらと正確にできないという特徴があります。充分に教育を受ける機会があり、視覚や聴覚の機能に特別な問題がないのにもかかわらず、文字を読んだり書いたりする際にバリアを感じています。

　私たちの脳が文字をとらえるときには、図形や音を処理する領域を組み合わせて使うことによって、文字の読み書きをしています。
　脳が文字をとらえるときには、つぎの３つの要素があると言われています。

- 図形認知・視覚認知（かたちを見てわかる）
- 視覚記憶（目でみたものを覚えておく）
- 音韻意識（ことばを音の小さな単位に分解したりしながら、ことばと音の関係がわかる）

これらのバランスが悪いために、ディスレクシアの人にはつぎのような傾向が見られます。

- 文字の形を正しく認識できないので、うまく読めない
- 文字の形が覚えられないので、正しく漢字を書くことができない
- 音と文字が結びつかないので、声に出して読んだり、書いたりすることがむずかしい

　そこで、ディスレクシアの人に、たとえば「『たいこ』ということばを反対から言ってみてください」と言うと、一般の人であれば、わりと簡単に「こいた」と答えられると思いますが、ディスレクシアの人で、音韻意識が弱い人は、なかなか答えられないという現象が起きることが知られています。
　日本にどのくらいの人数のディスレクシアの人がいるのかについて

は、正確な統計はありません。

　文部科学省が公表している「通常学級に在籍する特別な教育を必要とする児童生徒に関する調査結果（令和4年）」によると、小中学校で「学習面で著しい困難を示す」児童生徒の割合は、6.5％。その中で「読む」又は「書く」に著しい困難を示すとされている児童生徒の割合は、3.5％と推定されています。

※参考資料：文部科学省　通常学級に在籍する特別な教育を必要とする児童生徒に関する
　調査結果（令和4年）
　https://www.mext.go.jp/b_menu/houdou/2022/1421569_00005.htm

　ただし、さまざまな研究団体や当事者団体では、これはおそらく最低ラインの数字であろうとし、日本の人口の5〜8％は潜在的にいるだろうとしています。

　ちなみに、言語によっても出現率が異なり、英語圏では人口の10数％はいると言われています。これは英語が文字の綴りと読みの対応関係が複雑な言語であるためです。

　日本語におけるディスレクシアの出現率は、ひらがなで0.2％、カタカナで1.4％、漢字で6.9％と報告されており（宇野 彰ら 2009）、さらに英語学習を開始する時期につまずく現象が多く見られると言われています。

　いまから20年くらい前までは、日本における読み書き障害の研究がまだ進んでおらず、「日本語話者のディスレクシアはいない」とする専門家もいたそうですが、その後、日本でも研究が進み、相談できる機関や、診断をおこなう医療機関も増えてきています。

読書のバリアを感じている人たち

> Column

ルビ（よみがな）や分かち書きの有用性

　本文にも書きましたが、ディスレクシアのある人はまったく文字が読めないわけではなく、時間をかけたり、適切な配慮があれば、読みやすさをつくることができます。
　たとえば、
- 漢字にルビ（よみがな）をつける
  ⇒人によってはルビが本文とくっついて見えてしまうため、色を変えてルビをつけるのが効果的
- 文字サイズを大きめにする
- フォント（書体）を変える
  ⇒その人が読みやすいと感じるフォントに変更
- 分かち書きを採用する
  ⇒小学校低学年の教科書のように、助詞ごとにスペースを空ける。それがむずかしい印刷物などの場合は、文節ごとに赤いペンなどで区切りを入れるだけでもよい
- 縦組みを横組みに変更する

といったサポートが有効な人がいます。
　電子書籍を使えるのであれば、読んでいるところがハイライト表示される機能を使ったり、音声で読み上げさせながら文字をたどるのが有効だと言われています。

⇨ 「わかりにくい」というバリアを感じている人

　先ほど紹介した「読みにくい」というバリアとともに、「わかりにくい」というバリアについても、ほとんど語られてこなかった、あるいは当事者の間では認識されていたとしても、「読書バリアフリー」というテーマにおいて、広く啓発されてこなかったと言えると思います。

① 知的障害などにより、文字や文章の理解にバリアがある人

　一言で知的に障害のある人と言っても、軽度の人から重度の人までさまざまです。

　厚生労働省の定義では、知能指数（IQ）が70以下で、18歳までにあらわれるとされ、日常生活における能力も加味しながら、以下の4段階のレベルを設定しています。

軽　度（IQ51 〜 70）　　簡単な読み書きが可能
中等度（IQ36 〜 50）
重　度（IQ21 〜 35）
最重度（IQ 　〜 20）　　読み書きは不可能

　比較的重度の子どもの場合、早く発見されることが多いのですが、軽度の知的障害のある人の場合、日常会話や動作がこなせることによって、周囲から気づかれにくい傾向にあります。

　軽度の知的障害のある人は、読書においては簡単な読み書きは可能ですが、一般的な文章を理解することにバリアを感じている人が少なくありません。適切なサポートを受けられないまま、読書や必要としている情報を入手する手段から遠ざかってしまう人が多いと思われます。

知的に障害のある人の本を読む能力について、藤澤和子は、以下のように傾向を挙げています。

- ひらがな、あるいは漢字が読めなかったり、読める文字が限られたりします。
- 読んだ内容を理解することがむずかしい、あるいは部分的な理解にとどまります。理由としては、理解できる言葉（語彙）数が少ない、長い文章（重文・複文など）になると意味が理解しにくい、「もし〜ならば」という仮定や、受身などの表現がわからない、物語の文脈や登場人物の感情の理解がむずかしい、経験のない出来事をイメージすることがむずかしい等があげられます。
- 集中時間が短く読書に集中できるのは短期間です。人にもよりますが、15分から30分程度です。
- 興味のもてる本が拡がりにくい傾向があります。

　そして、藤澤和子が全国手をつなぐ育成会連合会の協力を得て、2016年に知的障害者の読書や図書館使用の実情やニーズを調査したところ、求められる本の表現形態として、以下の回答がありました。

- 文字表記の方法（ルビをふる、文字が大きい、漢字が少ない）
- 生活年齢にあう興味や情報提供のある本（一人暮らしの参考になる本、自分で料理できる本など）
- 絵、写真の使用
- わかりやすい文や本（むずかしい言葉の説明がある、わかりやすく書き直した本など）

- 聴覚・触覚の使用（音が出て読んでくれる本、触れることができる本など）
- 装丁（丈夫な本、めくりやすい本など）

この中でとくに重要だと思われるのは、知的年齢と生活年齢（実際の年齢）のギャップについてです。

知的年齢が低いレベルにあったとしても、生活年齢に応じて必要な情報や興味のあるテーマは変化していきます。

単純に読みやすいからといって、ずっと子ども向けに編集された本ばかりを読みたいのではなく、一般に読者の生活年齢に応じたテーマの本（たとえば、法律や経済・政治など社会生活・自立生活に必要な本、あるいは恋愛や性に関する本など）を読みたいというニーズがあり、そうした内容を読みやすい形態で読みたいという読者が潜在的に多く存在すると思われます。

※参考資料：藤澤和子編著『知的障害者への代読ボランティア養成講習テキスト』
知的障がいと自閉症児者のための読書活動を進める会　発行
樹村房のウェブサイトにＰＤＦ版掲載。https://www.jusonbo.co.jp/daidoku_text/

Column

ピクトグラム（絵記号）などの活用

ことばによるコミュニケーションがむずかしい人へ情報を伝える際に、利用されているものの1つとして、ピクトグラム（絵記号）が知られています。ピクトグラムとしてもっとも有名なのは、非常口のマークだと思います。このマークが決められる前は、国ごとに表示がバラバラで、日本ではおもに「非常口」

という漢字で表示されていました。

　ところが1970年代に、大阪と熊本で大きなデパート火災があり、多くの人が逃げ遅れて亡くなるという悲しい出来事がありました。煙にまかれて文字が読めなかったり、子どもや外国人には意味がわからなかったりしたそうです。

　その後、非常口のマークを国際的にコンペで決めることになり、最後に、日本とロシアの案が残り、最終的に日本人がデザインしたマークが世界中で採用されることになりました。

非常口マーク

　このように、ピクトグラムは、ことばが異なったり、理解しづらい立場の人でも、見つけやすく、認識しやすく有効だとされています。道路標識なども同様の概念で作られています。

　特別支援教育の現場では「視覚支援」ということばで、このようなピクトグラム（絵記号）のほか、イラストや写真を活用して、知的障害のある人や自閉症の人の意思表示を図ったり、必要な情報を伝える取り組みをおこなっています。

（※左余白）読書のバリアを感じている人たち

② 生まれつき、あるいは幼い頃から聴覚障害のある「ろう者」

　生まれつき、あるいは幼い頃に聴覚障害となり、手話を第一言語として育った「ろう者」にとって、第二言語である日本語の読み書きに「バリア」を感じている人は多いと言われています。

　「ろう者」ということばは、1995年に聴覚障害当事者で、日本手話使用者である木村晴美、市田泰弘が雑誌に「ろう文化宣言」という文章を発表したことをきっかけに広まったとされています。「ろう文化宣言」には、「ろう者とは、日本手話という、日本語と異なる言語を

話す、言語的少数者である」という記述があります。

　この背景には、日本において長い間、聴覚障害者が第一言語（母語）として獲得していた手話（日本手話）を、聾学校において、使用が禁止されてきた歴史が長く、木村・市田は自分たちは日本手話を使い、日本手話で思考する「ろう者」であるというアイデンティティを表明する必要があったのだと言われています。

　その後、たとえばNHKの手話ニュースは、それまでの日本語対応手話（日本語を手話に置き換えたもので、手指日本語とも呼ばれます。おもに中途で聴覚障害になった人が用いています）の使用をやめ、日本手話に変更し、現在にいたっています。

Column

「手話＝ことば」であることを認めてほしいというろう者の願い

　さまざまな障害当事者間での話し合いを経て、国連の障害者権利条約が2006年12月に採択されました。世界の聴覚障害者（ろう者）が求めていたのは、手話を言語として認めてほしいということで、条約の中に「手話は言語である」という文章が加えられました。

　ちなみに世界で使われている言語の数は、約7,000言語と言われていますが、いまではその中に「日本手話」をはじめ、各国で使われている「○○手話」もカウントされるようになりました。

　聴覚障害のある当事者の団体では、以前から手話が言語であるという法律を制定してほしいという要望を国に対して働きかけてきました。

読書のバリアを感じている人たち

　全日本ろうあ連盟は、法律制定を促進するため、地方自治体単位での条例制定の運動を続けていて、2013年に手話言語条例を制定した鳥取県を皮切りに、2025年3月現在、39都道府県/21区/366市/125町/7村=計558自治体で手話言語条例が制定されています。

　国レベルでは、2022年5月に、障害者情報アクセシビリティ・コミュニケーション施策推進法（障害者による情報の取得及び利用並びに意思疎通に係る施策の推進に関する法律）が成立し、聴覚障害のある人を含む、すべての障害のある人の情報アクセスの権利と、多様なコミュニケーション方法を保障していくことが謳われました。その附帯決議の中に以下の文章が盛り込まれています。

「手話言語法の立法を含め、手話に関する施策の一層の充実の検討を進めること」。

※参考資料：障害者情報アクセシビリティ・コミュニケーション施策推進法
　https://www8.cao.go.jp/shougai/suishin/jouhousyutoku.html

③ 外国にルーツのある人たち

　②同様、外国で生まれ、育ち、その国のことばを第一言語（母語）としている人たちにとって、日本語は第二言語にあたります。外国にルーツのある人たちは日本で暮らすことによって、日常のコミュニケーションにおける会話は、ある程度問題がないレベルになります。しかしそういうレベルの人であっても、読書においては、同音異義語が多いこと、漢字仮名まじりの文章を読むことが、日本独自の文化を理解するうえで、また、高等教育を受けるうえで、大きなハードルになっていると言われています。

　また、母語による読書を求めている人にとって、「身近に母語による本が少ない」「仕事などのため、外国から日本にやってきた人の子

どもが長く日本で育つことによって、ルーツのある国の言葉や文化を学ぶ機会が限られてしまう」といったことも指摘されています。

Column

外国にルーツのある人がことばを学ぶための保障

　欧米では、歴史的に移民政策の一環として、在住外国人に対する言語学習制度が確立していて、その多くが公的なサービスとなっています。

　たとえば、ドイツでは、2005年に新しい移民法が制定され、在住外国人が社会参加するにはドイツ語の能力が不可欠であるとし、「統合プログラム」が導入されました。統合プログラムではドイツ語教育600時間、ドイツ事情を扱うオリエンテーションコース45時間が設定されていて、ドイツ国内に継続的に滞在する外国人は統合プログラムへの参加の権利を得るとともに、語学力が十分でない場合は、参加が義務づけられています。同様の言語学習制度はフランス、カナダ、アメリカでも見られます。

　その一方で日本においては、そうした公的サービスが確立しておらず、外国ルーツの人たちが独自に学習していくしか方法がありません。その子どもたちの教育についても、まだ確立されているとは言えない状況です。

　少子高齢化などによる国内の労働者不足を背景に、日本においても外国人労働者が増えていくことが予想されますが、その一方で日本語学習についての施策がきわめて遅れていると言わざるを得ません。

④ 加齢や病気により認知が低下する傾向にある人

　加齢によって、認知的な機能は弱くなっていくことが知られています。脳の病気によって、失語症や高次脳機能障害が起きるケース、また、アルツハイマー型やレビー小体型などが知られている認知症患者にとっての読書においても、記憶に障害をもつことから、文字やことばを忘れるなど、内容を読み取ることにおいて、バリアを感じることが多くなると考えられます。

> **Column**
>
> #### 認知症フレンドリー社会
>
> 　イギリスが発祥の取り組みに、「認知症フレンドリー社会」という考え方があります。家族に認知症の人がいると、外に出るのは危ないと考えて、家から外に出ないようにしてしまったり、施設に預けることだけを優先して考えがちです。
>
> 　イギリスでは、認知症のある人が地域で暮らしやすい街づくりを提唱し、スーパーや飲食店、交通機関などとともに、図書館もその一員として、「居場所」として機能させる考え方をもっています。
>
> 　とくに図書館や博物館にできることとして、欧米では古くから「回想法」というプログラムがあり、その地域の資料（古い街並みの写真、ポスター、レコード、雑誌など）を収集し、図書館でワークショップなどを開催することで、昔の記憶をよみがえらせることができ、昔話に花をさかせたり、若い世代の人とのコミュニケーションツールとして活用できる可能性があるとされています。

読書のバリアフリーの歴史

Chapter 1 - 2

「読書バリアフリー」ということばが登場するのは近年のことです。しかし、読書バリアフリーに相当する取り組み自体は、古くから図書館や出版の分野を中心にボランティアなどの協力を得ながら実践されてきました。本節では、この歩みをたどっていきたいと思います。

⇒ 第二次世界大戦前の読書バリアフリー

読書バリアフリーに相当する取り組みは、前近代からおこなわれていました。たとえば、江戸時代に『群書類従』を編纂した国学者である塙保己一（1746 ～ 1821）は、7歳の時に失明しましたが、文字を手のひらに指で書いてもらって覚えたといいます。また、書物を音読してもらい覚えることで、学問を究めていきました。この音読は、前近代の社会にあって、文字の読み書きを学ぶ機会のなかった「非識字」の人々にとっても、読書の機会を広げる有効なアプローチでした。

近代の明治時代になると、新たな取り組みも始まります。その最初のものが、スコットランドのキリスト教宣教医ヘンリー・フォールズ（Henry Faulds：1843 ～ 1930）によるものです。フォールズは、1874（明治7）年に来日し、その翌年に東京に築地病院を開く一方で、「訓盲事業」（視覚障害者の教育事業）の開始を目指す「楽善会」に参画しました。ところが、国から「訓盲事業」の事業認可を得るためには、キリスト教色の払拭が必要となりました。そこで、フォールズはやむな

読書のバリアフリーの歴史

く「楽善会」からは離れることになりました（その後、楽善会訓盲院、現在の筑波大学附属視覚特別支援学校の前身は1880年２月に事業開始）。とはいえ、フォールズの「訓盲事業」への思いは変わりませんでした。宣教師・宣教医たちの日本での活動内容を記した『A History of Protestant Missions in Japan』（1883年）には、次のような記述が載っています。「ドクター・フォールズは、盲人用の図書を作るために特殊印刷を準備し、また、盲人用図書室を開設した」。この日本初となる「盲人用図書室」は築地病院内に1880（明治13）年に開設されました。ただし、その２年後、フォールズは日本を去っています。

フォールズが準備した凸字図書は、点字図書ではありません。フランスのルイ・ブライユ（Louis Braille：1809 〜 1852）が考案した６点式点字を日本語に翻案したのは、東京盲唖学校（現在の筑波大学附属視覚特別支援学校）の石川倉次（1859 〜 1944）でした。石川による「日本訓盲点字」は、1901（明治34）年に官報に掲載され、広く全国の盲学校で指導されていきました。また、盲学校内にも学校図書館が設けられるようになり、教員や点訳ボランティア（篤志家）によって点字図書の製作と提供がおこなわれていきました。なお、点字図書の出版事業が広がり始めるのは大正時代になってからであり、点字新聞『点字毎日』が創刊されるのも大正時代の1922（大正11）年です。

1900年代に入ると、盲学校で点字の読み書きを習って卒業した人たちから「盲人図書館」を設立する要求が高まりました。そして、1909（明治42）年１月、名古屋盲人会が「盲人図書館」を開館しました。『内外盲人教育』第３巻秋号（1914年）に掲載された記事「名古屋盲人会一班」によれば、開館２年後からは巡回サービスもおこなっていたとあります。同館の点字図書の貸出冊数は、1909（明治42）年に883冊だったものが５年後の1913（大正２）年には2,031冊にまで

増加していました。この名古屋盲人会による「盲人図書館」が日本人自ら開設した点字図書館のさきがけと言えます。その後、昭和時代の初期にかけて、各地に小規模ながらも点字図書館に相当する施設や事業が設けられていきました。そのなかでも注目されるのが、1935（昭和10）年に岩橋武夫（1898～1954）によって建設されたライトハウス会館（創業は1922年。現在の日本ライトハウス情報文化センター）と、1940（昭和15）年に本間一夫（1915～2003）によって創設された日本盲人図書館（現在の日本点字図書館）です。

　大正時代になると、地域の公共図書館でも、点字図書の提供が開始されました。その最初の事例が、東京市立本郷図書館の点字文庫開設であり、1916（大正5）年9月のことでした。公共図書館における視覚障害者へのサービスの始まりとも言えます。点字文庫で最も多く読まれていたのは「鍼按ニ関スル図書」(注1)でした。

　その後、昭和時代の初期にかけて視覚障害者へのサービスをおこなう公共図書館は徐々に増えていきました。新潟県立図書館（1919年）、石川県立図書館（1927年）、徳島県立光慶図書館（1928年）、鹿児島県立図書館、名古屋市立図書館、長野県立図書館（いずれも1929年）などが点字文庫や盲人図書室を開設しています。とはいえ、公共図書館全体からすれば、その数はまだ少数にとどまっていました。それでも、1933（昭和8）年に名古屋で開かれた第27回全国図書館大会では、初めて「点字図書及盲人閲覧者の取扱」という討議がなされ、今後も公共図書館として点字図書の収集と閲覧に一層取り組んでいくことが決議されました。

　戦時色が濃くなりつつあった1937（昭和12）年、ヘレン・ケラー（Helen Adams Keller：1880～1968）が来日しました。その際に、アメリカの盲人協会からレコード形態のトーキング・ブック（これを

(注1) はり・あんまなど視覚障害者がおもに職業としてきた分野についての本。

読書のバリアフリーの歴史

当時、「読本器」と和訳した)が中央盲人福祉協会に寄贈されたことをきっかけに、日本でも読本器の研究開発が始まりました。そして翌1938年6月に、中央盲人福祉協会や日本放送協会の研究のもと、日本ビクター蓄音機株式会社の製作によって完成しました。読書用の蓄音機とレコードといえばイメージできるでしょう。1940（昭和15）年末までに機械200台とレコード1,000枚あまりが恩賜財団軍人援護会などの協力のもと全国の盲学校や陸海軍病院、盲人団体などに頒布され、一般の視覚障害者や失明軍人の読書に活用されました。

→ 第二次世界大戦後〜1970年代の読書バリアフリー

第二次世界大戦後、今日の読書バリアフリーに関わるさまざまな制度が整備されていきます。

1949（昭和24）年、「身体障害者福祉法」が制定されました。この法律のなかに点字図書館の規定が盛り込まれました。点字図書館が明確な法的根拠を得たこともあり、公共図書館における点字文庫などの実践は、その後しばらくの間は広がりが見られませんでした。ちなみに、公共図書館の根拠法である「図書館法」は1950（昭和25）年、学校図書館の根拠法である「学校図書館法」は1953（昭和28）年の制定です。

1961（昭和36）年6月、郵政省による郵便料金の改定により、点字郵便物が無料（3kgまで）となりました。これは、点字図書館や公共図書館による点字図書の郵送貸出サービスにとって大きな画期となりました。

弱視の人のための拡大写本づくりが始まるのは、1968（昭和43）年のことでした。山梨ライトハウス点字図書館（現在の山梨ライトハ

36

ウス情報文化センター）が拡大写本づくりと貸出を始めたのです。こ
れは画期的なことで、視覚障害者の約7〜8割は弱視の人ですが、点
字資料や録音資料はあっても、弱視の人の読書ニーズに応える拡大文
字の資料はそれまでなかったからです。1970（昭和45）年には、東
京教育大学附属盲学校（現在の筑波大学附属視覚特別支援学校）でも、
拡大写本づくりが始まりました。これ以降、各地の盲学校の学校図書
館にも徐々に普及していきました。特に、盲学校の学校図書館が作る
拡大写本は、教科書や学習に役立つ参考書などが中心でした。ちなみ
に、日本で最初の大活字本が出版されたのは、1978（昭和53）年の
ことです。京都のどらねこ工房が出版した『星の王子さま』でした。

　公共図書館において視覚障害者の音声ニーズへの対応を具体化する
のは、1970（昭和45）年のことでした。日本盲大学生会などが東京
都立日比谷図書館に対して門戸開放を求めたことを受けて、同年、東
京都立日比谷図書館が録音資料の製作と貸出、そして対面朗読を開始
したのです。この年には、「視覚障害者読書権保障協議会」（視読協）
も結成され、「読書権」の公的保障の実現に向けて積極的な活動を展
開していきました（1998年解散）。

　これ以降、各地の公共図書館でも録音資料の製作と貸出、対面朗読
が広がりはじめました。また、公共図書館と点字図書館の連携を強化
する動きもあらわれ、1974（昭和49）年には公共図書館と点字図書
館が参加して「近畿点字図書館研究協議会」（のちに「近畿視覚障害
者情報サービス研究協議会」と改称）が発足したのはその好例です
（2023年解散）。

　1976（昭和51）年には、東京で開催された第62回全国図書館大会
の「障害者サービス」の分科会において、視覚障害者に限らず「図書
館利用に障害のある人々」を「障害者」とする捉え方が示されました。

読書のバリアフリーの歴史

すなわち、図書館の利用そのものに障害（障壁やバリアと言い換えてもよい）がある人々を広く対象とし、誰もが図書館を利用できるようにしていこうというわけです。今日でいう障害の「社会モデル」の視点への転換です。ここには、1960年代に北欧で提起されたノーマライゼーションの考え方、海外の図書館における「障害者サービス」の動向などが影響していたものと思われます。

1980年代以降の読書バリアフリー

　1981（昭和56）年の「国際障害者年」（スローガンは「完全参加と平等」）や、1986（昭和61）年の国際図書館連盟（IFLA）東京大会などを通して、「図書館利用に障害のある人々へのサービス」を「障害者サービス」とする捉え方は徐々に図書館界に浸透していきました。「図書館利用に障害のある人々」すべてをしっかりサポートするという視座は、読書バリアフリー推進の大前提です。そして、「公共図書館宣言2022」（IFLA、ユネスコ）に謳う「公共図書館のサービスは、年齢、民族性、ジェンダー、宗教、国籍、言語、あるいは社会的身分やその他のいかなる特性を問わず、すべての人が平等に利用できるという原則に基づいて提供される」を具現化するための必須の基盤とも言えます（同種の内容は「学校図書館宣言2021」にもあります）。

　ただし、図書館、特に公共図書館の現場では、この「障害者サービス」の捉え方を前提にしつつも、利用者への案内のしやすさやわかりやすさを考慮して、視覚障害者等へのサービス（狭義の障害者サービス）、外国にルーツのある人々へのサービス（多文化サービス）、高齢者のニーズに応じたサービス（高齢者サービス）、図書館から離れた地域へのアウトリーチサービスなどに分けて展開している図書館が多く

あります。本項でも、以降は、これらに分けてそれぞれの歩みをたどっていきます。

→ 狭義の障害者サービス

1980年代以降の狭義の障害者サービスの歩みを俯瞰すると、特徴はつぎの3点に整理できるでしょう。すなわち、①サービス対象の拡大、②法整備の進展、③資料のデジタル化と多様化の3点です。

① サービス対象の拡大

すでに述べてきたように、視覚障害者へのサービスを中心として図書館での取り組みは発展してきました。1981年の「国際障害者年」前後からは、サービス対象の拡大が目指され、肢体不自由者、聴覚障害者、盲ろう者などへのサービスが模索されていきました。

2000年代に入ると、知的障害者や学習障害者（特にディスレクシアの人々）へのサービスの必要性が認識されるようになりました。マルチメディアDAISYやLLブックの登場と普及もここに大きく関わります。

障害当事者の職員（以下、当事者職員）を雇用したことが狭義の障害者サービスの開始や充実につながる事例も少なくありません。たとえば、大阪府枚方市立図書館では、聴覚障害のある職員の配置を機に、聴覚障害者へのサービスを積極的に展開するようになりました。2000年代以降は、発達障害者や知的障害者を職員として雇用する事例も全国図書館大会などで報告されるようになりました。なお、当事者職員の全国組織としては、視覚障害のある当事者職員を中心とした「公共図書館で働く視覚障害職員の会（通称　なごや会）」（1989年発足）があります。

読書のバリアフリーの歴史

② 法整備の進展

　法整備の進展で特に注目すべきは、「著作権法」改正の実現でしょう。視覚障害者情報提供施設（点字図書館）と盲学校の学校図書館を除き、図書資料（原本）を録音資料や拡大写本などに複製する場合には、原本の著作権者の許諾を得なければなりませんでした。しかし、許諾を得るには数年を要する場合があり、結局は許諾を得られないという場合もあったのです。この課題を解決するために、「著作権法」改正が長年の懸案となっていました。

　1992（平成4）年には、「EYEマーク・音声訳推進協議会」が発足しました。「EYEマーク」とは、録音資料などへの複製をあらかじめ許諾している旨の著作権者の意思を示したものであり、出版の際に原本の奥付に表示しました。これが奥付に表示されている図書資料については、許諾を得る手間が不要となりました。文化庁も2002（平成14）年に「障害者のための非営利目的利用OKマーク」（自由利用マークの1つ）を定めましたが、これも「EYEマーク」と同様の意味合いをもつマークです。

EYEマーク　　　　　障害者のための非営利目的利用OKマーク

　ようやく「著作権法」改正が実現するのは、2009（平成21）年のことでした。同年6月の「著作権法」一部改正（施行は2010年1月）によって、第37条第3項が大幅に改められました。これにより、「視覚障害者その他視覚による表現の認識に障害のある者」のためであれば、「著作権法施行令」第2条に規定する図書館（国立国会図書館、

公共図書館、大学図書館、学校図書館，視覚障害者情報提供施設等）
では、著作権者に許諾を得ることなく、「文字を音声にすることその他
当該視覚障害者等が利用するために必要な方式」で複製し、自動公衆
送信（送信可能化を含む）をおこなうことができることになったのです。

　この規定にもとづく実務に資するために、日本図書館協会など図書
館関係 5 団体は、2010（平成22）年 2 月に「図書館の障害者サービ
スにおける著作権法第37条第 3 項に基づく著作物の複製等に関する
ガイドライン」を定めました。

　締約国が自国の「著作権法」の権利制限規定（日本では第37条）
によって複製されたDAISYなどの視覚障害者等用の資料を国際交換で
きるようにする「盲人、視覚障害者その他の印刷物の判読に障害のあ
る者が発行された著作物を利用する機会を促進するためのマラケシュ
条約」が2013年 6 月に世界知的所有権機関（WIPO）で採択されま
した。日本では、2018（平成30）年 4 月に条約締結に関する国会承
認の手続きを終えて、同年10月に日本政府はこの条約への加入書を
WIPO事務局長に寄託しました（国内発効は2019年 1 月）。2018年に
は自動公衆送信を公衆送信に改めるなどの「著作権法」第37条第 3
項の一部改正がおこなわれました（施行は2019年 1 月）。

　「著作権法」以外では、2006（平成18）年 6 月に「高齢者、障害者
等の移動等の円滑化の促進に関する法律」（バリアフリー新法）が制
定され、「建築物移動等円滑化基準」が設定されました。これに伴い、
図書館においても建築物の面積に応じて基準への適合が義務ないし努
力義務となりました。

　2008（平成20）年 6 月には、「障害のある児童及び生徒のための教
科用特定図書等の普及の促進等に関する法律」（教科書バリアフリー
法）が制定（同年 9 月施行）されました。これにより、障害のある子

どものための教科用特定図書（点字教科書、拡大教科書、DAISY教科書などの音声教材）の発行と普及が促進されることとなりました。

「障害者の権利に関する条約」批准に向けての国内法整備として、2013（平成25）年6月に「障害を理由とする差別の解消の推進に関する法律」（障害者差別解消法）が制定されたことも特筆に値します（施行は2016年4月）。施行に伴い、公立の図書館や学校を含む行政機関等には障害者への合理的配慮の提供が義務づけられました。障害者差別解消法は2021（令和3）年に一部改正され、2024（令和6）年4月に施行されました。これにより、私立図書館や私立学校を含む民間事業者にも合理的配慮の提供が義務となりました。

2019（令和元）年6月には、「視覚障害者等の読書環境の整備の推進に関する法律」（読書バリアフリー法）が制定、施行されました。「買う自由」と「借りる権利」の保障を目指し、出版から図書館までをカバーする施策が示されています。ただし、この法律の対象者は、「視覚障害、発達障害、肢体不自由その他の障害により、書籍（雑誌、新聞その他の刊行物を含む。）について、視覚による表現の認識が困難な者」とされ、外国にルーツのある人などは含まれていない点は残された課題と言えます。

2022（令和4）年5月には、「障害者による情報の取得及び利用並びに意思疎通に係る施策を総合的に推進」しようとする「障害者による情報の取得及び利用並びに意思疎通に係る施策の推進に関する法律」（障害者情報アクセシビリティ・コミュニケーション施策推進法）も制定、施行されています。

③ 資料のデジタル化と多様化

資料のデジタル化によって複製や共有が容易になったのも、1980

年代以降です。

　点字資料については、1988（昭和63）年に日本IBMが、点訳データの全国ネットワークである「てんやく広場」の運用を開始しました。1998（平成10）年7月には、全国視覚障害者情報提供施設協会が「てんやく広場」を継承して、「視覚障害者情報ネットワーク」（愛称　ないーぶネット）となりました。

　録音資料については、1990年代にスウェーデンでDAISY（Digital Audio-based Information SYstem、2001年11月からはDigital Accessible Information SYstem）の開発が始められました。1996（平成8）年5月に日本を含む6か国でDAISYコンソーシアムが設立されました。1997（平成9）年8月には、国際図書館連盟（IFLA）の盲人図書館専門家会議でDAISYがデジタル録音図書の国際標準規格に決定しました。2004（平成16）年4月には、日本点字図書館と日本ライトハウス盲人情報文化センターによってデジタル録音図書配信システム「びぶりおネット」が開始されました。なお、DAISYは、2000年代に入って、マルチメディアDAISYやテキストDAISYも実用化され、多様化しています。特に、マルチメディアDAISYは、ディスレクシアのある人々や知的障害者の読書の可能性を高めています。

　2010（平成22）年4月、「ないーぶネット」が「視覚障害者情報総合ネットワーク」（愛称　サピエ）に移行し、翌年9月には「びぶりおネット」も「サピエ」に統合しました。

　2003（平成15）年1月から「点字図書・録音図書全国総合目録検索」のインターネット公開をおこなっていた国立国会図書館も、2014（平成26）年1月に点訳データ、DAISYデータなどをインターネット配信する「視覚障害者等用データ送信サービス」を開始しました（2024年1月には検索ツールとして「みなサーチ」の運用を開始）。

読書のバリアフリーの歴史

「サピエ」と「視覚障害者等用データ送信サービス」は、2014年6月から相互利用をおこなっています。

2022(令和4)年10月には、国立情報学研究所がおもに大学図書館を対象とした「読書バリアフリー資料メタデータ共有システム」の運用を開始しました。

点訳データやDAISYデータの製作はもちろんのこと、拡大訳、テキスト化などは、ボランティアや図書館協力者の力によるところが大きいと言えます。同時に、2000年代以降は、出版のユニバーサルデザイン(UD)への関心も高まってきました。大活字本だけでなくLLブックなどアクセシブルな出版物の種類が多様化し、出版点数も徐々に増えつつあります。

「電子書籍元年」といわれた2010(平成22)年以降、電子書籍やオーディオブックの市場規模は拡大しつづけています。図書館でも、民間事業者と契約して「電子書籍サービス」(電子図書館)を提供するところが増えつつあります。コロナ禍を経て、2024(令和6)年時点では、「電子書籍サービス」を提供する公共図書館は、全国の半数近くに達しています。まだ電子書籍コンテンツのすべてが音声読み上げに対応しているわけではありませんが、対応するコンテンツも着実に増えてきています。

⇨ 多文化サービス

日本で多文化サービスが実践されはじめる契機は1986(昭和61)年の国際図書館連盟(IFLA)東京大会でした。1991(平成3)年5月、日本図書館協会の障害者サービス委員会のなかに多文化・識字ワーキンググループ(多文化WG)が設けられました(2002年に多文化サー

ビス委員会として独立）。また、同年7月には図書館と在住外国人を
むすぶ会（現在の図書館と多様な文化・言語的背景を持つ人々をむす
ぶ会：通称 むすびめの会）が発足しました。

2004（平成16）年には多文化サービスに関する日本で最初の入門
書となる『多文化サービス入門』が日本図書館協会より刊行されまし
た。2007（平成19）年10月の第93回全国図書館大会からは多文化サー
ビス単独の分科会がおこなわれるようになりました。

2024（令和6）年7月に改正教科書バリアフリー法が施行され、
日本語指導を受ける外国にルーツのある子どもも、DAISY教科書など
の教科用特定図書（バリアフリー教科書）を用いることが可能となり
ました。

グローバル化が急速に進展するなかで、今後さらに多文化サービス
のニーズが高まることは間違いありません。

⇨ 高齢者サービス

高齢者サービスへの具体的な動きが見られるようになったのは、
1999（平成11）年の「国際高齢者年」以降です。高齢者サービスに
関する文献をレビューした小林卓は、「特に団塊世代が大量定年を迎
えるいわゆる『2007年問題』の前あたりから急速にこの分野の文献
が増えてきている」と指摘しており、2007年前後から高齢者サービ
スへの関心がさらに高まりました。

2010（平成22）年には65歳以上の高齢者の割合が21％を超えて、
日本は世界保健機関（WHO）がいうところの「超高齢社会」に世界
で最も早く到達しました。日本の高齢者の割合は、2050年には4割
近くに達すると予測されています。また、厚生労働省の推計によると、

2012（平成24）年の時点で認知症の人は高齢者の約15％とされ、2025年には20％を超えるといいます。

　こうした社会状況のなかで、国立国会図書館は2017（平成29）年3月に調査研究報告書『超高齢社会と図書館：生きがいづくりから認知症支援まで』をまとめました。また、2019（平成31）年4月に発足した「日本認知症官民協議会」では、日本図書館協会の認知症バリアフリー図書館特別検討チームや認知症当事者とともに検討を重ね、2023（令和5）年3月に『認知症バリアフリー社会実現のための手引き（図書館編）』を作成しました。同年5月には、「共生社会の実現を推進するための認知症基本法」が制定され（施行は2024年1月）、「教育、地域づくり、雇用、保健、医療、福祉その他の各関連分野における総合的な取組として行われること」などの基本理念が示されました。図書館は教育の中核施設・機能であり、図書館として認知症の人々を含む誰もが利用しやすい環境づくりをどう進めていくかが問われています。

⇨ アウトリーチサービス

　離島など図書館が近くにない地域に居住する人々も「図書館利用に障害のある人々」と言えます。こうした人々に図書館サービスを届ける実践の1つとしてブックモビル（BM：Book Mobile）などを用いた移動図書館サービスがあります。移動図書館サービスは、病院や福祉施設、刑務所などへの図書館サービスの拡充（エクステンション）にも活用されています。

　しかし、移動図書館サービスに用いられるBMの台数は1998（平成10）年の691台から2018（平成30）年の538台へと漸減傾向にあります。

背景には、分館などの整備や緊縮財政などが考えられます。

　また、2000年代以降、狭義の障害者サービスの項でも述べた「電子書籍サービス」（電子図書館）も、地理的条件による「図書館利用に障害のある人々」に加えて、ビジネスパーソンなど、開館時間に図書館に行くことがむずかしい人々に向けての非来館型サービスとして、注目されています。「電子書籍サービス」は、図書館サービスの拡充につながる可能性を有する一方で、情報通信機器の操作を苦手とする人々がサービス利用から取り残されるデジタルデバイド（情報格差）につながる恐れも内包しています。新たな格差を生まないサポートの検討も欠かせません。

【文献】

小林卓・野口武悟共編『図書館サービスの可能性：利用に障害のある人々へのサービス　その動向と分析』日外アソシエーツ，2012年

日本図書館協会障害者サービス委員会編『図書館利用に障害のある人々へのサービス［上巻］：利用者・資料・サービス編　補訂版』日本図書館協会，2021年

野口武悟・植村八潮編著『改訂　図書館のアクセシビリティ：「合理的配慮」の提供へ向けて』樹村房，2021年

野口武悟「障害者サービスと情報弱者へのサービス」『日本の図書館の歩み：1993-2017』編集委員会編，日本図書館協会，2021年，p.133-142.

野口武悟『読書バリアフリーの世界：大活字本と電子書籍の普及と活用』三和書籍，2023年

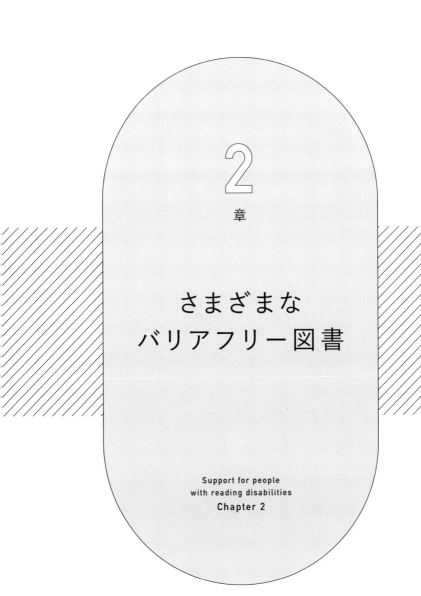

2章

さまざまな
バリアフリー図書

Support for people
with reading disabilities
Chapter 2

さまざまな読書スタイルについて周知していくこと

Chapter 2

　多くの人は読書というと、目で文字を追って読むイメージしかないと思います。しかも多くの場合、黙読するというのが一般的な方法だとされています。それはおもに視覚を使った読書スタイルなのですが、人によっては、「耳で読む」（聴覚を使う）方法で読書をしている人もいれば、「指で（点字を）読む」（触覚を使う）方法で読書をしている人もいます。

　さらにそれらを組み合わせて読むという方法もあるわけです。たとえば、目で文字を追いながら、あわせて音声を聞きながらの読書というスタイルもあります。

　しかし、多くの読者は、一般的な読書の仕方しか知らないため、視覚を使った読書にうまく適応できないと、「自分には読むことはむずかしい」とあきらめてしまうケースが少なくないのではないでしょうか。

　私たちが読書環境の改善を推進していく際、まずできることは、さまざまな読書スタイルが可能であることを広く周知していくことであると思います。

　たとえば、学校や図書館などが読者に対して、さまざまな読書スタイルが可能であること、それに適したバリアフリー図書が出版社から出版され、図書館に蔵書されていることを、日常的に伝えていくことが求められています。

⇨ バリアフリーな読書メディアの紹介

　この章では、いわゆるバリアフリー図書について紹介していきます。

　なお、バリアフリー図書と呼ばれる本の多くは、大量に売れる見込みが少なく、採算がとりにくいものが多いため、長い間ボランティアにより製作されてきた歴史があります。

　たとえば、大きな文字の本のルーツは、拡大写本。オーディオブックのルーツは、音訳図書などです。しかし、ここでは、おもに出版社や公益財団法人・特定非営利活動法人などの団体が継続的に発行し、図書館などが蔵書しやすいと思われる、比較的持続可能な発行形態をとっている本をメインに紹介します。

　また、書籍などの文字メディアに限らず、動画メディアについても紹介します。

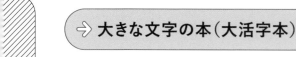
大きな文字の本（大活字本）

第1章で「見えにくい」バリアを抱えている読者のことを紹介しました。「見えにくい」人は100人いれば100通り見え方が違いますが、サポート方法をある程度パターン分けすることができます。

見えにくい人の見え方に応じたサポート方法

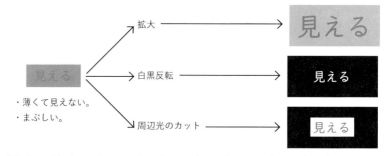

・見たい部分が見えない。
・細部がよくわからない。

拡大すると、中心暗転で隠れる文字も相対的に減る。

・薄くて見えない。
・まぶしい。

参考：https://web.econ.keio.ac.jp/staff/nakanoy/article/LowVision/reading/1993/reading1993.html

ぼやけによる見えにくさのある人、中心暗転、まぶしさを感じる人へのサポートとして、文字を拡大する方法が有効だと言われています。

パソコンなどが普及するまでは、一文字ずつフェルトペンを使って手書きで製作する方法により「拡大写本」が作られていました。

しかし、この手法では、時間と手間がとてもかかってしまうため、たくさん複製することがむずかしい側面がありました。

欧米では、Large printという名前で古くから大活字本（大きな文字の本）が出版されてきました。日本では同様の本がすぐに製作されなかった理由として、欧米のようなアルファベットの文化ではなく、文章に漢字・ひらがな・カタカナが入り混じっているため、活版印刷の時代では、大きな文字サイズの活字を特別にそろえる必要があり、出版するにはハードルが高かったのだと思います。

日本では、1980年代から埼玉福祉会が大活字本の製作をはじめ、おもに公共図書館へのセット販売を開始しました。これは、おもな読者層として加齢により見えにくさを感じている高齢者を想定し、一般の本（本文が8〜9ポイント）よりやや大きめの文字サイズである14ポイントを採用し、書体は一般の本と同じ明朝体で編集されています。なお、埼玉福祉会の積極的な営業活動の成果として、この頃から公共図書館には「大活字本コーナー」が設置されるようになりました。

1996年、大活字社が新たに大活字本出版を始めましたが、この会社では、おもに弱視者を読者対象としたため、文字サイズは22ポイント、書体は明朝体ではなく、ゴシック体を採用。またこれまでのセット販売方式から単品でも

埼玉福祉会の大活字本
実物大　組み見本

大活字社の大活字本
実物大　組み見本

大きな文字の本（大活字本）

購入できる方式を始め、図書館だけでなく、個人による購入への可能性を広げました。

　この2社が定期的な大活字本出版を継続したことにより、1989年の日本図書館協会による公共図書館へのアンケート調査では、大活字本を所蔵していると回答したのが639館（回答1,239館中）であったところ、1998年の調査では、1,317館に拡大していることがわかります。

　しかし、それでも残っていた課題は、図書館サイドに「大活字本＝高齢者向けの媒体」というイメージが強く定着してしまったため、子ども向けの大活字本がほとんど出版されていないということでした。

　2009年から講談社と読書工房の協働事業として発行がはじまった「大きな文字の青い鳥文庫」の誕生により、児童書を大活字化する出版点数が増えていきました（2024年から、青い鳥文庫だけでなく、角川つばさ文庫、小学館ジュニア文庫などの大きな文字版の発行を「読書工房めじろーブックス」として進めています）。

　なお、大きな文字の本は、小説やエッセイだけではありません。たとえば、小学校で習う漢字だけを扱った本も出版されています。

　こうした本が大活字本として出版される背景には、第1章で見てきたように、「見えにくい」バリアを感じる読者だけでなく、「読みにくい」バリアを感じる読者や「わかりにくい」バリアを感じる読者にとって、漢字はもっともバリアを感じやすい要素であることが挙げられます。漢字学習者のための漢字の本はこれまでにもたくさん出版されてきましたが、学習者に配慮した文字サイズやわかりやすいフォントで編集された本はこれまでありませんでした。

　学校で使われている検定教科書についても、教科書バリアフリー法が成立した2008年以降、ほとんどの教科書会社が自身で「拡大教科書」を同時に出版するようになりました。

なお、拡大教科書は必ずしも「見えにくい」バリアを感じている子どもたちだけでなく、「読みにくい」バリアを感じているディスレクシアの子どもたちの中で利用しているケースもあります。

- 埼玉福祉会の大活字本シリーズ
  https://www.saifuku.com/daikatsuji/index.html
- 読書工房めじろーブックス
  https://d-kobo.jp/blog/detail/34
- 大きな文字でわかりやすい小学生で習う漢字1026字（読書工房）
  https://d-kobo.jp/blog/detail/27

『大きな文字でわかりやすい
小学生で習う漢字1026字』
実物大　組み見本

→ オーディオブック

　オーディオブックは、もともと欧米で普及してきた歴史が長くあります。

　日本では読者を視覚障害者に限定した形で、おもにボランティアが製作する方式で提供されてきた時代が長く、なかなか一般向けに市販されませんでしたが、1980年代に入り、多くの出版社がオーディオブックの事業に参入し一時は100社を超えていました。その背景には、当時ヘッドホンつきカセットプレーヤーが流行し、オーディオブックの市場が生まれる可能性が高まったことが大きく影響しています。

　しかし、その後は撤退する出版社が相次ぎ、その後オーディオブックの出版を続けたのは新潮社くらいになってしまいました。そして、オーディオブックを収録するメディア自体がカセットテープ(注1)からＣＤ（コンパクトディスク）(注2)などに移行しましたが、あまり大きな変化はありませんでした。とくにカセットテープやＣＤではそれぞれ収録できる時間数が限られており、たとえば、ハリー・ポッターの本がオーディオブックではＣＤ10枚になるという状況だったため、販売のハードルが高いという側面がありました。

　その一方で、図書館が養成した音訳ボランティア団体の中から出版事業をはじめる会社がいくつか誕生しましたが、なかなか営業活動にまで力を入れることがむずかしく、非常に高価な商品となってしまい、多くの販売が見込めませんでした。

　その後、インターネットが普及し、大容量・高速化が進み、またサブスクリプション（定額制サービス）の普及にともなって、出版社自身が製作するオーディオブックが急速に増えはじめています。

個人向けのおもなサービスは、アマゾンのaudible（オーディブル）とオトバンクのaudiobook.jp（オーディオブックドットジェーピー）ですが、公共図書館においても電子図書館サービスの一部として、オーディオブックの提供が始まっています。

- アマゾン　audible
  https://www.audible.co.jp/
- オトバンク　audiobook.jp
  https://audiobook.jp/

　オーディオブックは、ボランティアが製作する音訳図書のように、一定のフォーマットにのっとった均一な製作方法ではなく、作品によって、自由な演出方法が選ばれています（音訳図書は、聞き手＝視覚障害者が情報を得るために利用するものであったため、内容が正しく伝わるように、書いてあることを書いてある通りに感情を込めずに淡々と読む、図や表を見なければ本文がわからない箇所があればそこに図や表の説明を入れるなどの細かい作法があります）。

　出版社が製作するオーディオブックの作り方を大きく分けると、一人のナレーターが最後まで読み上げるナレーション方式と、複数のナレーター（声優など）が出演し、物語を再現するドラマ方式が挙げられます。オーディオブックが製作されているジャンルは、小説・エッセイとビジネス書がほとんどで、まだバリエーションが限られているのが現状です。

（注1）　カセットテープ：磁気テープをプラスチック製のケースに収めた録音・再生用メディア。

（注2）　ＣＤ（＝Compact Disc　コンパクトディスク）：従来のレコードやカセットテープにかわるメディアとして開発された円形の光ディスク。

→ 点字つき さわる絵本

　点字つきさわる絵本は、大阪でてんやく絵本ふれあい文庫の活動を続けている岩田美津子が出版社や印刷会社、作家などに呼びかけた結果、「点字つき絵本の出版と普及を考える会」が2002年に発足したことから、小学館、偕成社、こぐま社などの出版社が「点字つきさわる絵本」の出版をはじめました。

　もともと、てんやく絵本ふれあい文庫では、市販されている絵本に点字を打刻した透明なシートを貼り付けていく手法をとっていましたが、出版社自身が製作することにより、点字つきさわる絵本を書店で購入したり、それを蔵書している図書館から気軽に借りることができるようになりました。

　なお、小学館は1983年に点字つき学習絵本「テルミ」をすでに創刊していて、「テルミ」は現在でも一般財団法人日本児童教育振興財団から隔月刊で発行を続けています。

　「テルミ」は青い色の発泡インクで印刷された後、熱処理を加えることによって、凸面を生みだしているのが特徴です。

　子どもたちが手でリアルに触れることがむずかしい、雲や星、さまざまな魚や鳥、植物、新幹線や車、ロケットといった乗り物の形を触察することができます。

　そして、毎号掲載されている迷路は、テルミの名物として知られていて、「テルミ」のコンセプトである見える子も見えない子もいっしょに楽しめるコーナーとなっています。

　迷路だけを集めた本も小学館から出版され、たいへん好評です。

点字つきさわる絵本の印刷は、「テルミ」とは異なり、透明な盛り上げ印刷の方式を採用しています。

　また、コストをできるだけ安く抑えるために、完全な製本ではなく、大きな紙で盛り上げ印刷を行った後、折りたたんだ状態のままのスタイルで出版しているのが特徴です。

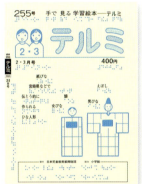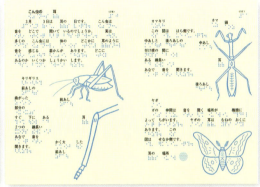

手で見る学習絵本「テルミ」（一般財団法人 日本児童教育振興財団）

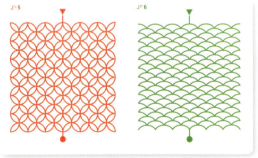

『さわるめいろ』（小学館）

点字つきさわる絵本／LLブック（わかりやすい本）

　点字つきさわる絵本では、絵の輪郭をそのままなぞった盛り上げ印刷にするのではなく、触覚だけでなにが描かれているのかイメージしやすいように、視覚障害のある子どもがモニターとなり、くふうを施しているものもあります。

『てんじつき さわるえほん　ぐりとぐら』
福音館書店

- 点字つき絵本の出版と普及を考える会
  https://tenji.shogakukan.co.jp/
- 手で見る学習絵本「テルミ」
  https://faje.or.jp/terumi/

⇨ LLブック（わかりやすい本）

　もともとスウェーデンでは、1960年代以降、ノーマライゼーションの考え方（障害のある人も障害のない人と同様に、一人の市民として一般の人にまじって町なかで生活をし、政治や経済活動に参加するべきであるという考え方）を基盤に、その人にあった情報提供をおこなう必要があるという思想のもと、知的障害のある人やスウェーデン語が母語でない移民の人などを対象にした、わかりやすい本（LLブック：LLとはスウェーデン語でわかりやすいという意味のLättlästの略）が定期的に出版されていました。

　日本では、スウェーデンでLLブックと出会った藤澤和子により、1990年代以降、スウェーデンのLLブックの翻訳などが出版され、2000年代以降、樹村房、埼玉福祉会、国土社などから日本におけるLLブックが出版されるようになりました。

　とくに樹村房では、文字をまったく使わないタイプのLLブック、埼玉福祉会では、写真＋わかりやすい文章＋ピクトグラムを組み合わせたタイプのLLブック、国土社では、多くの写真＋わかりやすいキャプション（短い文章）で構成するタイプのLLブックをそれぞれ出版しています。

　これは、読者によって必要とする情報内容や「わかりやすさ」のレベルが異なるため、LLブックの編集方針もそれぞれ異なっているということを表しています。

LLブック〈わかりやすい本〉

『仲間といっしょに』樹村房

『わたしのおべんとう』埼玉福祉会

『キラリさんの病気やケガのときはどうするの?』国土社

藤澤和子が2000年代に関西地区の知的障害者の更生施設と授産施設（通所、入所）へ読書環境に関するアンケートをおこなった際、ルビが多くつけられ、大きな文字サイズの本、文章や物語が短くコンパクトな本へのニーズが高いことが報告されています。また、自分が体験したことのある内容を求めていたり、子ども向けでない本が読みたいという声も挙がっています。

これは、LLブックはわかりやすく読める本というコンセプトなのですが、イコール子ども向けの本ではないということを示しています。つまり、小学生くらいの知的な年齢の人であっても、実際の年齢はすでに成人している人にとって、欲しい情報は、法律や経済、あるいは恋愛や性についてなど大人向けの内容ということになります。

2000年ごろ、近畿視覚障害者情報サービス研究協議会（近畿視情協）は、LLブック特別研究グループを設置し、LLブックとして出版されている本以外でも、おもに知的障害の人にとってわかりやすいと思われる本を選定し、リスト化する作業をおこなった時期があります。2023年に近畿視情協は解散してしまったため、現在そのような作業はおこなわれていませんが、図書館としてそのような本をリストアップしていく取り組みが引き継がれていくことが望ましいと思います。

- 樹村房のLLブック
  https://www.jusonbo.co.jp/llbook/
- 埼玉福祉会のLLブック
  https://www.saifuku.com/shop/llbook/index.html
- 国土社のLLブック
  https://www.kokudosha.co.jp/special/llbook/

※参考資料：読書工房『LLブックを届ける ―やさしく読める本を知的障害・自閉症のある読者へ』
（藤澤和子・服部敦司編著）https://d-kobo.jp/products/detail/21

布の絵本

　日本では布の絵本と呼ばれていますが、イギリスやアメリカでは、子どもたちが夢中になって静かになるので、クワイエット・ブック（Quiet Book）や、ビジー・ブック（Busy Book）などと呼ばれているそうです。

　日本では、北海道のふきのとう文庫がアメリカで布の絵本が作られているという情報を得て、独自に製作を始めたことがきっかけとなり、その後、全国に布の絵本を製作するボランティア団体が増えていきました。

　ふきのとう文庫では、布の絵本の製作キットを販売していますが、出版はしていません。

　布の絵本は、紙ではなく、フェルト生地などを使って作られています。

　いろいろな仕掛けがくふうされているのが特徴です。たとえば、以下のようにさまざまなタイプの布の絵本があります。

手指を使い、マジックテープでくっつけたり、はずしたり、ボタンをはめたり、はずしたり、ひもを結んだり、はずしたりするタイプ

「おむすびころりん」「はなさかじいさん」など、昔話や物語を楽しむタイプ

色、形、数などがモチーフになっているタイプ

　紙の絵本と違い、ある程度乱暴に扱っても壊れることが少ないので、幼い子どもや障害のある子どもにも手渡しやすい絵本です。

- ふきのとう文庫　布の絵本
  http://fukinotou.org/album_detail.php?ID=21

多言語の本、日本語多読の本

　昨今、日本にも、さまざまな国から移り住んでいる人の数が多くなりました。外国にルーツのある人にとって、移住してきている土地でも母語の本が読みたいというニーズが間違いなくあると思います。

　書店や図書館にはなかなかそろっていない場合が多いと思いますが、少しずつでも、地域における外国ルーツの人たちのニーズをリサーチしながら、図書館に蔵書していくことを進めていっていただけたらと思います。

　これは学校図書館においても同様で、地域によっては多くの外国にルーツのある子どもたちが在籍しています。

　学校においては、地理や歴史などの教科とからめて、多言語・多文化コーナーを設置することも有効だと思います。

　多言語絵本の会RAINBOWでは、多言語電子絵本を製作しています。日本語、英語、中国語、韓国語、ポルトガル語、スペイン語、インドネシア語、フィリピン語、ベトナム語、ネパール語、タイ語、ロシア語、アラビア語、スワヒリ語のほか、その他のアジアの言葉、ヨーロッパの言葉による電子絵本が収録されています。

- 多言語絵本の会ＲＡＩＮＢＯＷのウェブサイト
  https://www.rainbow-ehon.com/

また、日本で暮らす外国ルーツの人たちにとって、やさしい日本語で書かれている本をたくさん読むことで、日本語の読み書きの習得につながると考えられます。

- ＮＰＯ法人多言語多読による「日本語多読」のウェブサイト
  https://tadoku.org/japanese/

> **やさしい日本語**
>
> 　1995年に発生した阪神淡路大震災で、とくに神戸に多く暮らしていた外国にルーツのある人たちが災害情報、避難情報を正しく受け取ることができず、被害が広がったという反省から、多言語による情報提供とともに、「やさしい日本語」の普及に関する研究が始まりました。
>
> 　ＮＨＫでは、「やさしいことばニュース」というニュースサイトを設置していて（以前は、「ニュースウェブイージー」という名称でした）、「日本に住んでいる外国人の皆さんや、子どもたちに、できるだけやさしい日本語でニュースを伝えます」という記載があります。
>
> - ＮＨＫ　やさしいことばニュース
>   https://www3.nhk.or.jp/news/easy/
>
> - スローコミュニケーション
>   https://slow-communication.jp/
>   おもに知的障害のある人を意識したニュースサイトとしては、一般社団法人スローコミュニケーションが運営している「スローコミュニケーション」があります。これは、以前、知的障害者の親の会である全日本手をつなぐ育成会（現・全国手をつなぐ育成会連合会）が発行していた知的障害者のための新聞「ステージ」（現在廃刊）スタッフだった人を中心に、わかりやすいニュースや情報配信を目指しています。

短くて読みやすい本（ショートストーリー）

　日本においては、とくに児童書の世界で、「〇分で読める本」といったタイトルで、短くて読みやすい本が古くから出版されてきました。

　これは学校で一時期流行した朝読（朝の読書運動）でも使いやすいということで学校図書館によく蔵書されています。しかし、本書で扱っている「読みにくさ」「わかりにくさ」に直面している読者（18ページ・25ページ参照）にとって、児童書を揃えるだけでは十分ではなく、大人のニーズにも対応した幅広いジャンルを通して、短くて読みやすい本の出版が望まれています。

　イギリスでは、「Quick Reads」という名前で、短くて読みやすい本が定期的に出版され、図書館に蔵書されたり、オンラインサイトで販売されたりしています。

　これはThe Reading Agency.という組織が2006年から製作を続けているもので、読書にバリアのある人たちや、読書を楽しむ習慣がほとんどなかった人を対象に、30社以上の出版社やベストセラー作家などの協力を得て製作しているもので、財団などからの助成金も得ることによって、比較的安価に提供されています。

Quick Readsでの読書を呼びかけるポスター

　スペインでは、2002年にＬＦ（Lectura fácil）協会が設立されました。この組織のベースになっているのは、1997年に国際図書館協会（IFLA）

が公表した「読みやすい資料のガイドライン」です。

　ＬＦ協会では、レイアウトをくふうしたり（14ポイントでArialという書体を使用し、改行を多くしている）、むずかしいことばには注釈をつけるなどの編集を加えた本を製作し、いろいろな出版社から出版しています。

　また、LFクラブの活動などを通して、学習障害や読解力の弱い読者とのワークショップを公共図書館や学校図書館などでおこなっています。

読みやすいように調整した『小さな王子』
https://planetafacil.plenainclusion.org/wp-content/uploads/2019/07/la_principita_pdf_accesible.pdf

→ マンガ

　1章で「わかりにくい」バリアのある読者として、聴覚に障害のあるろう者について取り上げましたが、図書館でほとんどマンガが蔵書されていなかった時代に、マンガを貸し出してほしいという要望をはじめたのは、ろう者の人たちでした。

　公共図書館や学校図書館には、以前は、手塚治虫の『ブラック・ジャック』『火の鳥』や、中沢啓治の『はだしのゲン』、戸部けいこの『光とともに』といった限られたマンガしか置かれていませんでした。最近は、積極的にマンガを蔵書する公共図書館や学校図書館が増えてきています。

　マンガは、登場人物のセリフがふきだしの中で文字化されていたり、場面説明や心の中の考え・思いがト書きのように示されていたりして、聴覚障害のある人にとって、読みやすいメディアであると言われています。生まれつき聴覚障害のある人が初めてマンガを読んだとき、「聞こえている友だちや家族は、ふだんこんな会話をしていたのか」と衝撃を覚えたというエピソードがあるほどです。

　もちろん、ろう者と同じく「わかりにくい」バリアのある外国にルーツのある人にとっても、マンガはわかりやすいということでよく読まれています。

　マンガのふきだしの中のセリフにルビがついていれば、さらにわかりやすいというろう者や外国ルーツの人の声をよく聞きます。出版社によりますが、おもに子ども向けのマンガの場合、漢字にルビがついているケースが多く、一般向けのマンガでは漢字にルビがほとんどついていません。

公共図書館に比べると、学校図書館の場合、マンガがほとんど蔵書されていない学校もまだ多いようです。これはマンガを選書できる学校司書などの図書館スタッフがいるかどうかに左右されるようです。また学校司書が常駐していない学校の場合、選書するのが教員に集中するため、蔵書が教科寄りになりがちな傾向も影響しているようです。

　また、マンガは雑誌に長期連載された作品の場合、単行本の巻数が多くなり、図書館のスペースが限られているので保管がむずかしいという事情もあるということです。

　一般社団法人マンガナイトは、公益財団法人日本財団の助成を受け、学校図書館に多くのマンガを選書してもらえるように、「これも学習マンガだ」というウェブサイトを運営して、啓発活動を続けています。

　毎年出版されるマンガを「文学」「生命と世界」「芸術」「社会」「職業」「歴史」「戦争」「生活」「科学・学習」「スポーツ」「多様性」という11のジャンルに分類し、おすすめのマンガを選定しています。

- これも学習マンガだ！　世界発見プロジェクト
  https://gakushumanga.jp/

字幕付き動画・音声ガイド付き動画

テレビでは、多くの番組で文字放送、一部の番組で解説放送をおこなっています。

テレビの番組表の例：字 解 の記号がついている

図書館に蔵書されている映画などのＤＶＤ(注1)でも、トールケースの裏面を見ると、そのＤＶＤに聴覚障害者向けに日本語字幕がつけられているのか（洋画ではほとんど字幕がつけられていると思いますが、邦画では字幕がついていない場合が結構あります）、視覚障害者向けに音声ガイドがついているかどうかをチェックすることができます。

映画館で上映される映画でも同様に、日本語字幕や音声ガイドが用意されていて、それらが必要な観客は、スマホにあらかじめアプリを入れておいて、スマートフォンやメガネ（スマートグラス）を使って、字幕を読んだり、スマートフォンにイヤホンをつなげて音声ガイドを聞きながら、映画を楽しむことができるしくみが普及しはじめています。

- HELLO! MOVIE
  https://hellomovie.app/
- ＵＤキャスト
  https://udcast.net/

※参考資料：平塚千穂子著『夢のユニバーサルシアター』読書工房
https://d-kobo.jp/products/detail/35

(注1) DVD（=Digital Versatile Disc）：デジタルデータの記録媒体で、従来のビデオテープにかわるメディアとして開発された円形の光ディスク。

手話動画

　生まれつき、あるいは幼い頃に聴覚障害となり、手話を第一言語として育った「ろう者」にとって、第二言語である日本語の習得に「バリア」を感じている人は多いと言われています。ろう者が古くから図書館に対して要望してきたメディアとして、よく知られているのは、マンガですが、もう1つは、手話の動画です。（マンガについては、70ページ参照）

　現在出版されている点数はほとんどなく、偕成社の『ＤＶＤ　手話で楽しむ絵本』くらいですが、今後電子図書館が普及していく中で、オーディオブックとともに、手話コンテンツの提供も広がっていくことが期待されます。

『DVD手話で楽しむ絵本』偕成社

- 偕成社　ＤＶＤ手話で楽しむ絵本（早瀬憲太郎）
  https://www.kaiseisha.co.jp/books/9784030981508

デジタル図書（電子書籍、マルチメディアDAISY図書など）

1章で紹介した、読書に「見えにくい・見えない」「読みにくい」「わかりにくい」などのバリアを感じている人たちにとって、デジタル図書の存在はたいへん強い味方であると考えられます。自分にあった読書スタイルを選択できるからです。ただし、電子書籍のブラウザやフォーマットによっては、ここで紹介する機能が使えるものと使えないものがあります。

電子書籍を読みやすくする機能のいろいろ
●「見えにくい」立場の人の場合
- 文字サイズを自分にあった大きさに変更すること
- フォント（書体）を自分にとって読みやすいものに変更すること
- 配色を変更し、たとえば、背景を黒にして、文字を白や黄色に変更するなど、コントラストを高くすることによって見やすい画面に変えていくこと

●「見えない」立場の人の場合
- 文字を音声で読み上げさせること
- 点字ユーザーであれば、点字ディスプレイとつなげて、点字で読めるようにすること（電子書籍のフォーマットにより、点字出力ができない場合があります）

●「読みにくい」立場の人の場合
- 文字サイズを自分にあった大きさに変更すること
- フォント（書体）を自分にとって読みやすいものに変更すること
- 縦組みを横組みに変更すること
- 文字を音声で読み上げさせながら、同時に文章を読むこと

市販されている電子書籍では、これらの機能がすべて使えるわけではありませんが、マルチメディアDAISY図書として製作されているデジタル図書は、そうした機能があらかじめ標準装備されているので、読書にバリアを感じている読者にとって、とても頼りになるデジタル図書です。

　マルチメディアDAISY図書のほとんどがボランティアによる製作であり、購入することができない。また、製作されているタイトル数がきわめて少ないという現状があります。

① マルチメディアDAISY図書

　DAISY（デイジー）とは、Digital Accessible Information SYstemの略で、当初は視覚障害者向けの録音図書の国際標準規格として開発されました。しかし、その後、音声と画像を同期再生させる技術を採用することにより、視覚障害以外の人にも使いやすいデジタル図書に発展させることができました。この、音声だけでなく文字や画像も表示させることができるフルバージョンのデジタル図書のことを、マルチメディアDAISY図書と呼んでいます。

　マルチメディアDAISY図書は、パソコンで閲覧できるほか、スマートフォンやタブレット端末でも閲覧することができます。とくに特別支援学校などでは、大型モニターにつなげて、みんなでいっしょに閲覧する取り組みもおこなわれています。

　マルチメディアDAISY図書の特徴としては、

- 文字と音声を同期しながら再生できる
- 文字サイズ・配色などを簡単に変更することができる
- いま音声で読み上げている箇所をハイライト表示（カラオケのようにアンダーラインが移動していく機能）されるので、どこを読んでいるのかがわかりやすい

デジタル図書（電子書籍、マルチメディアDAISY図書など）

ということが挙げられます。閲覧するブラウザによっては、さらにボタンを押さないと、つぎの読み上げが始まらないように設定したり、ルビ（よみがな）を表示させたり、あるいは表示をはずしたりすることもできます。

公益財団法人伊藤忠記念財団は、2010年より、わいわい文庫を製作し、全国の学校や図書館などの団体に無償で提供する事業をおこなっています。

わいわい文庫2023 Ver. BLUE『海の中をのぞいてみよう9』林 俊明・文と写真　伊藤忠記念財団

- わいわい文庫
  https://www.itc-zaidan.or.jp/summary/ebook/waiwai/

また、「わいわい文庫活用術」は、特別支援学校や特別支援学級、公共図書館などでマルチメディアDAISY図書をどのように活用しているのかについての実践報告が収録されていますので、導入する際の参考になります。

- わいわい文庫活用術
  https://www.itc-zaidan.or.jp/summary/ebook/waiwai-use/

公益財団法人日本障害者リハビリテーション協会は、古くからマルチメディアDAISY図書の普及に取り組み、マルチメディアDAISY教科

書の製作・提供や、マルチメディアDAISY図書の製作研修事業をおこなってきました。デイジー子どもゆめ文庫は、おもに小学校や中学校で使われている検定教科書に紹介されている作品を中心に、マルチメディアDAISY図書を製作し、提供しています。

- デイジー子どもゆめ文庫
  https://yume.jsrpd.jp/

② 電子書籍の国際標準規格「EPUB（イーパブ）」

DAISY図書が録音図書の国際標準規格を目指したものだったということを書きましたが、電子書籍においても、国際標準規格化が進んでいます。その代表的なフォーマットのことをEPUB（イーパブ）といいます。

現在、出版社が販売しているほとんどの電子書籍はEPUBの規格に準拠していて、さまざまな読者が利用しやすいフォーマットに進化を続けています。ただ、縦組みやルビなど日本語に独自の決まりを取り入れるのに若干時間がかかっていましたが、2010年日本電子出版協会は、EPUB3.0の仕様を発表し、ようやく日本の電子書籍も国際規格の水準に近づいてきました。

近年では、アマゾンなどのネット書店で電子書籍を購入する際、以下のような表示がされるようになってきました。

「Text-to-Speech（テキスト読み上げ機能）：有効」

また、本の一部をサンプルとして購入までにダウンロードできるネット書店が多く、あらかじめ音声読み上げや文字サイズやフォントの変更ができるかどうかをチェックすることができるようになっています。

じつは、マンガを中心に、画像処理で作成されている電子書籍もあり（「フィックス型」といいます）、フィックス型の電子書籍では、単純拡大はできるものの、読者にとって読みやすいレイアウトに変更し

たり、音声読み上げ機能が有効でないので、注意が必要です。

　今後、世界的な電子書籍の潮流として、EPUB3.0準拠の電子書籍の多くが「リフロー型」で製作されるようになるため、読書バリアフリーの推進に大きな力を発揮してくれると期待しています。

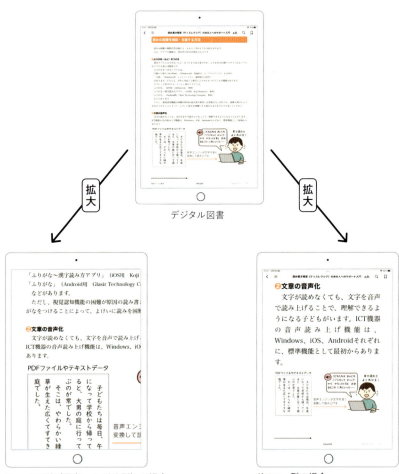

電子書籍のフィックス型（固定レイアウト型）とリフロー型の比較

3章

図書館における取り組み事例と現状

Support for people
with reading disabilities
Chapter 3

公共図書館における取り組み

Chapter 3 - 1

公共図書館

　地域の身近な場所としての公共図書館は誰でも無料で、自由に利用できるという大きな特徴をもっています。

　貸出においては、図書館であらかじめ所定の利用カードを作成する必要があり、多くの図書館では住居地や勤務先などによる制限がありますが、閲覧だけであれば制限はなく、誰でも利用可能です。

　しかし、それではどんな立場の人でも利用しやすい環境が整っているかというと、まだ整備されていない図書館が多いのが現状です。

　日本の公共図書館においては、1970年代から図書館利用に障害のある人へのサービスとして、おもにつぎのようなサービスをおこなってきました。

① 活字による読書がむずかしい人へのサービス

　当初は視覚障害のある人へのサービスが主流でした。たとえば、1970年に東京の日比谷図書館ではじまった対面朗読サービスは、公共図書館がはじめたサービスです。

　近年は、脳科学の研究が進み、学習障害などによって、視覚に障害がなくても、「読みにくさ」を感じている人の存在が知られるようになりました。そういう立場の人たちが読みやすい形式の録音図書や、電子書籍などの貸出はたいへん意義があります。

② 来館がむずかしい人へのサービス

肢体に不自由があったり、病気など、なんらかの理由で来館することが困難な人に対しては、個人への宅配サービスがあります。

また、図書館のアウトリーチサービスとして、出張貸出があります。

たとえば、知的障害のある人が働いている継続就労支援施設、あるいは内部障害のため、長期入院されている患者さんのいる病院、要介護の認定がある高齢者が暮らしている特別養護老人ホームなどへ、図書館のスタッフやボランティアが図書・雑誌・音楽CDなどを持っていき、読み聞かせをしたり、貸出をおこなったりしています。

公共図書館によっては、移動図書館車を所有し、定期的に巡回するサービスをおこなっています。

③ 本を持てない、ページをめくれない人へのサービス

録音図書やオーディオブックの利用、近年では電子書籍の利用などが考えられます。

公共図書館の職員に「図書館利用に障害のある人へのサービス」についてインタビューすると、よく返ってくる答えは「うちの図書館にはそのような特別なニーズのある利用者はいません」というものです。

こうした回答が返ってきてしまう要因としては、おもにつぎの2つが考えられます。

- 図書館スタッフ自身が「図書館利用に障害のある人」に関する理解を正しくもっていない
- 図書館がおこなっているサービスに関するＰＲが十分されていないため、特別なニーズのある人の図書館利用がほとんどない

> 実践事例（墨田区立ひきふね図書館―東京都）

1970年代から図書館利用に障害のある人へのサービスに取り組んできた歴史のある墨田区立ひきふね図書館では、ふだんなかなか公共図書館を利用しにくい立場の人たちを対象に、以下のような取り組みをおこなっています。

① としょかんたんけんツアー

2021年から、図書館の利用に障害のある児童・幼児のための図書館ツアーを開始しています。館内の「こどもとしょしつ」をスタート地点とし、マルチメディアDAISY図書のあるボランティアルームまで移動しながら、どんな図書がどこにあるのか、どのように利用するのかをシールラリー形式で体験していきます。

あるとき、字を読むことができない小学生が参加。ふだんは子どもが表紙を見て本を選び、保護者が読み聞かせをしているということでしたが、図書館員の案内で、タブレット端末を自分で操作しながら、マルチメディアDAISY図書を選び、保護者の補助を得ることなく、読むことができたそうです。

② 放課後等デイサービス事業所とリモートおはなし会

障害者施設などに出張おはなし会をおこなっています。コロナ禍では、夏休みに、放課後等デイサービス事業所からの要望を受け、リモートによるおはなし会を開催しました。

リモートおはなし会の様子

③ 児童発達支援・放課後等デイサービス事業所へのＰＲ

　特別支援学級や児童発達支援・放課後等デイサービス事業所の職員、通所児童の保護者宛に、さわる絵本、しかけ絵本、大きな文字の本、LLブック、マルチメディアDAISY図書の説明と、それぞれ数冊ずつの本を紹介するパンフレット『障害のある子どもたち向けの図書とは──すべての人に読書のよろこびを』を配布しています。

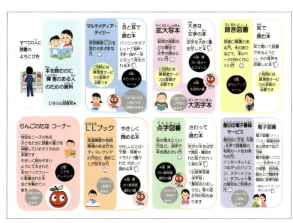

ひきふね図書館では、いくつかのパンフレットを作成しています。左は、障害者週間の特別展示で配布したものです。

④ りんごの棚貸出用セット

　こどもとしょしつの中に、りんごの棚コーナーを常設で設置し、点字絵本、LLブック、大きな文字の本、マルチメディアDAISY図書を季節にあわせてPR展示しています。

　また、バリアフリー図書の団体貸出用にりんごの棚貸出セットをつくり、区内の小学校の特別支援学級や、通所支援事業所などへ定期的に貸出をおこなっています。

こども としょしつ　りんごの棚コーナー

学校図書館における取り組み
小学校・中学校・高等学校

Chapter 3 - 2 - 1

⇒ 一般校の学校図書館の特徴

　日本の学校は長い間、一般の学校と、障害のある子どもたちが通う盲学校・ろう学校・養護学校とに分かれていました。文部科学省は2001年以降、従来の「特殊教育」という呼び方をやめ、「特別支援教育」に改称することとし、制度に子どもたちをあわせる（障害によって学校を分ける）のではなく、一人ひとりの子どもたちを主体に、その子どもにとって必要な教育の機会を用意していくという考え方にシフトさせました。

　これは子どものニーズに応じて、一般の学校にも障害のある児童・生徒を在籍させたり、必要に応じて通級指導をおこなうこと、また、通常学級の児童・生徒の中に一定数含まれている発達障害の子どもたちに対するきめ細かい指導をおこなうことが盛り込まれています。

　2022年、文部科学省の調査（通常の学級に在籍する特別な教育的支援を必要とする児童生徒に関する調査）によると、小・中学校において、学習面又は行動面で著しい困難を示すとされる子どもは8.8％いる（高校では2.2％）と推定され、その中で学習面で困難を示している子どもは6.5％（高校では1.3％）と推定されています。

※参考資料　文部科学省　通常の学級に在籍する特別な教育的支援を必要とする児童生徒に関する調査結果（令和4年）について　2022年12月13日
https://www.mext.go.jp/b_menu/houdou/2022/1421569_00005.htm

これらのことから、一般の学校の中にも読書バリアフリーを必要とする子どもたちが含まれていることがわかります。

たとえば、文字を読む際に必要な音韻処理に障害のあるディスレクシア、自閉スペクトラム症やAD/HD（注意欠如多動症）などに起因するケースのほか、日本語が母語でない外国にルーツのある子どもたち、紙面からのまぶしさを感じやすい、あるいは眼球運動が弱いために行から行への移動がむずかしいケースなど、さまざまな困難のある子どもたちが、一般の学校の中にも存在します。

しかし、残念ながら、小学校・中学校・高等学校の学校図書館での読書バリアフリーへの取り組みは、ほとんど進んでいないのが現状です。それぞれの立場にある子どもたちへのサポートの経験が蓄積されておらず、また学校図書館関係者と教員との連携もうまくいっていないことが大きな要因であると考えられます。

政府の「第五次 子どもの読書活動計画の推進に関する基本的な計画」（2023年3月閣議決定）の基本方針として、「多様な子どもたちの読書機会の確保」という文言が明示されました。「障害のある子ども、日本語指導を必要とする子どもなど、多様な子どもの可能性を引き出すための読書環境を整備」すると記述されています。

※参考資料：文部科学省：第五次「子どもの読書活動の推進に関する基本的な計画」について
https://www.mext.go.jp/b_menu/hakusho/nc/mext_00072.html

① 教科書バリアフリー法

2008年に成立した「障害のある児童及び生徒のための教科用特定図書等の普及の促進等に関する法律（通称 教科書バリアフリー法）」によって、「教科用特定図書」が障害のある児童・生徒に無償給与されることになりました。「教科用特定図書」として認められているものには、点字教科書（おもに全盲の児童・生徒が使用）、拡大教科書（おも

に弱視の児童・生徒が使用）のほか、音声教材があります。

　文部科学省によると、音声教材とは、発達障害等により、通常の検定教科書では一般的に使用される文字や図形等を認識することが困難な児童・生徒を対象にした教材で、パソコンやタブレット等の端末を活用することが想定されています。

　教科書バリアフリー法が2024年7月に一部改正され、日本語指導が必要な外国ルーツの子どもたちにも提供可能になりました。

※参考資料：文部科学省「障害のある児童及び生徒のための教用用特定図書等の普及の促進等に
　関する法律」（通称：教科書バリアフリー法）について
https://www.mext.go.jp/a_menu/shotou/kyoukasho/1378183.htm
文部科学省　音声教材
https://www.mext.go.jp/a_menu/shotou/kyoukasho/1374019.htm

　なお「教科書バリアフリー法」により、対象としている検定教科書のデジタルデータについて、教科書会社から「教科用特定図書」を製作する法人や団体に提供されるしくみが確立していますが、それ以外の副読本や参考書、あるいは一般書籍についてはこうした規定がなく、学校図書館がバリアフリー図書を提供するには、出版されているバリアフリー図書を購入するか、ボランティア団体に製作を依頼することになります。

② ICT活用の課題

　学校をとりまく環境において、コロナ禍を経て、大きく変わったことは、なんといっても2020年の文部科学省によるGIGAスクール構想でしょう。これにより、全国の小学校・中学校・高等学校・特別支援学校には1人1台の端末を用意することと、高速大容量の通信ネットワークを整備することが決められました。

　これまで、障害のある子どもたちにとって、ICTの活用は大きなサ

ポートツールになるということが実証されていました。

　特別支援学校を中心に、子どもたち一人ひとりのニーズにあわせて、10年以上にわたってiPadなどのタブレット端末が学校現場で活用されてきました。一方で、一般の学校では、マイノリティである障害のある子どもにとって、ICTの活用が有効であることがわかっていながら、「一人の生徒だけを特別扱いできない」などの理由から、教室に必要な端末を持ちこめないという事例が多く聞かれました。

　GIGAスクール構想によって、一般の学校でもICT活用が本格化したことにより、障害のある子どもたちにとっては朗報である一方で、つぎのような新しい問題点が浮上してきています。

- 学校単位でタブレットを一括購入した結果、これまで特別支援学校を中心にiPadが使われていた時代から一変して、Chromebook（Google）、Windowsも使われるようになり、アプリの違いや使い勝手の問題がでてきた
- 授業での利用が中心に考えられているため、管理上、授業以外で使いたいアプリをインストールしてはいけないという学校が少なくない。その結果、たとえば、マルチメディアDAISY図書を閲覧するための専用アプリを導入することができない

　この背景には、学校で使用するタブレット端末の管理はおもに教員が担当することが多く、そこに学校図書館担当者の意見が反映されない場合が少なくない現状があります。

③ 学校図書館＝子どもたちの居場所

　学校図書館の役割について、文部科学省では、「読書センター」と「学習・情報センター」としての機能や、教員のサポート機能を挙げるとともに、その他の機能として、つぎの２つの役割を挙げています。

- 子どもたちの「居場所」の提供
- 家庭・地域における読書活動の支援

　まず「居場所」については、不登校傾向にある子どもたちが教室には行けないが、学校図書館になら行けるといった「図書館登校」というケースもあります。また、まだ事例は少ないのですが、「校内居場所カフェ」の拠点として学校図書館を位置づけているケースもあります。

　「家庭・地域における読書活動」についても、これから期待される取り組みです。子どもたちを取り巻く家庭環境・地域の環境はさまざまです。学校図書館が保護者や地域の方々と、多様な読書環境の実現を図っていくことが望まれます。

⇨ 実践事例（富田林市立大伴小学校—大阪府）

　富田林市立大伴小学校には、2021年度、7つの支援学級があり、多くの子どもたちが在籍しています。学校図書館には、他校と兼任の学校司書が週2日配置されています。

① 教員への夏季研修

　富田林市夏季研修会の支援教育部では、毎年教員らの要望をふまえて、夏季休業中に研修を実施しています。

　富田林市では、通級指導教室担当者が中心になり、市内の教員間における支援教育への共通理解を深めることを目的に、一人ひとりのニーズに合った教材作りなどの活動をしています。

　また、市内の小・中学校への支援体制や児童・生徒の支援方法の理解を広めていくための活動をおこなっています。市内の巡回相談、基本的な知識技術・教材作成、教具の活用、校内連携・外部講師を招いて

の研修の企画、リーディングチームの講師による研修の企画、スキルアップの研修も毎年おこなっています。

　夏季研修の中で、読みが苦手な子どもたちへの支援として、毎年「マルチメディアDAISY教科書」や「わいわい文庫」（伊藤忠記念財団）の紹介をおこなった結果、「わいわい文庫」は市内のすべての小学校で活用されるようになりました。

夏季研修の様子

② 通級指導教室でマルチメディアDAISY図書による読書タイムを実施

　2020年から設置された通級指導教室には、1年生から6年生まで読み書きに苦手さのあるさまざまな子どもたちが通ってきます。

　読むことが困難、語彙が少ない、文字が二重に見えたり、ゆがんで見えたりする。書くときに形をとることがむずかしい、線が一本多くなったり少なくなったりする。学年の相応の教科書の字の大きさでは読みにくく、文字だけではしんどい。じっと注視することがむずかしい、教室でじっと座っていることが困難、集中することが苦手など、一人ひとりがむずかしい、苦手と感じている点はさまざまです。

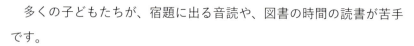

　多くの子どもたちが、宿題に出る音読や、図書の時間の読書が苦手です。

　通級指導教室の担当者と学校図書館の学校司書が、クラスの図書の時間に通級指導教室に来ている子どもたちには、どんな読書指導をすればいいかを相談しています。通級指導の時間を使い、マルチメディアDAISY図書を読む時間をつくっています。

　子どもたちは、一人ひとりマルチメディアDAISY図書化されている本の写真が並ぶカラー一覧表を見て、読みたい本を選びます。このカラー一覧表の利点は、文字を読むのが苦手でも、表紙のイラストや写真から読みたい本を探すことができることです。

わいわい文庫　マルチメディアDAISY2023　カラー一覧表

　個別指導の時間は、対面ではなく、パソコン画面を横並びで２人で見ながら操作。どの子も離席することなく、目と耳からの読書ができています。

学校図書館における取り組み
視覚障害特別支援学校

Chapter 3 - 2 - 2 - 1

⇒ 視覚障害特別支援学校図書館の特徴

　視覚障害特別支援学校（盲学校）は、全国に82校あります（2023〔令和5〕年度特別支援教育資料　文部科学省）。神奈川県のように県立が1つ、横浜市立が1つ、私立（横浜市内）が1つというように、複数の視覚障害特別支援学校がある都道府県もあれば、千葉県のように（四街道市に千葉県立千葉盲学校があるのみで）1つしかない県もあります。

　視覚障害特別支援学校で学ぶ児童・生徒の数（重複障害を含む）は、2023年度には4,696名で、5年前（2018年度）の5,315名、10年前（2013年度）の5,940名と比べると、年々減少を続けていることがわかります。

　もちろん少子化の影響もありますが、一般の学校へ入学する視覚障害のある子どもの数が増えています。

　そうした動向をふまえて、視覚障害特別支援学校は地域の学校で学ぶ視覚障害のある児童・生徒の教育を支援する立場（センター機能）であることが期待されています。

　視覚障害特別支援学校の図書館の特徴として、つぎの3つのことが挙げられます。

① 乳幼児から60歳まで幅広い年齢層が利用
　多くの視覚障害特別支援学校には、幼稚部、小学部、中学部、高等部が設置されているので、乳幼児から利用があります。

　また、視覚障害特別支援学校には、普通科のほかに、理療科という高等部の中に設置されている職業コースもあり、あんまマッサージ指圧師、はり師、きゅう師などを養成しています。このコースには、中途で視覚障害になった大人も在籍していますので、盲学校の図書館を60代の人が利用することもあり、幅広い年齢層の利用者に対応していることになります。

② 多様なメディアが必要

　視覚障害特別支援学校には、大きく分けると、全盲（まったく見えない）の児童・生徒と、弱視（視力や視野に障害があり、日常的な見えにくさを感じている）の児童・生徒がいます。また、幼い頃から視覚障害があり、点字を学んだ経験をもつ利用者もいれば、理療科の生徒のように中途で視覚障害になった人の多くは点字を触読することができません。

　児童・生徒一人ひとりのニーズにあわせて、つぎのようなメディアを蔵書する必要があります。

● **点字図書**

　点訳されている点字の本のほか、文字だけでなく図形や絵も点図になっている本もあります。

● **録音図書**

　CDに収録されている録音図書のほか、一般に市販されているオーディオブックなどがあります。

● **大きな文字の本**

　一般の本よりも文字サイズが大きく、書体やレイアウトもくふうされています。

● **電子書籍**

　電子書籍の中には、音声読み上げができるタイプのものや、音声

データがあらかじめ収録されていて、音声と文字を同期させながら再生するタイプのマルチメディアDAISY図書などがあります。

● 布の絵本

　絵の部分はフェルトや木綿などの布、ファスナーやひも、ボタンなどを使って製作されており、絵を取りはずしたりくっつけたりしながらお話などを楽しむことができます。

● さわる絵本

　文字の部分は点字と拡大文字で、絵の部分はさわってわかるように、厚紙や布、綿やビニール素材などを使い、絵が表すものの手触りに近く安全な材料で製作されています。

③ ボランティアや点字図書館の活用

　②の項で紹介した本は市販していないものが多いため、盲学校と長年おつきあいのあるボランティア団体が製作をおこない、視覚障害特別支援学校図書館に寄贈することが多いです。

　また、点字図書館（視覚障害者情報提供施設）が製作する点字や録音データが「サピエ図書館」にたくさんアップロードされていますので、そのデータの利用も増えてきています。

⇨ 実践事例（横浜市立盲特別支援学校図書館）

　他の学校図書館よりも多様なメディアを用意する必要のある盲学校の図書館ですが、横浜市立盲特別支援学校では、つぎのようなくふうをしています。

① 課題図書をワンソース・マルチユースに

　この学校では、全校で読書感想文コンクールに参加しています。さまざまな見え方の生徒がいるので、課題図書はニーズに合った媒体で提供します。

　まず原本のテキストデータを出版社に連絡して、提供可能かどうか確認します。提供してもらえるケースが若干あります。提供していただけない場合が多いので、ボランティアに依頼して、別な媒体（点字図書や大きな文字の本など）を作成します。また、生徒の希望に応じて、テキストデータ自体を提供することもあります。

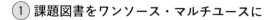

出典：『ぼくがきょうりゅうだったとき』まつおかたつひで 作・絵　ポプラ社
製作：さわる絵本＝あじさいの会／拡大絵本＝花みずき／音訳＝童話の会らびっと／
テキスト化・拡大図書＝点訳ねっとわ～く麦・トンボ／点訳＝ひまわり

② ボランティアに指先を使って読める絵本の製作を依頼

　布の絵本をはじめ、さわる絵本でも素材をくふうして、視覚の代替手段として、触覚を最大限生かすタイプの絵本を製作しています。

出典：『ひまわり』荒井真紀 文・絵　金の星社
製作：あじさいの会

③ 他の盲学校との教材データを共有

2020年から千葉県立千葉盲学校の図書館と、理療科教材のテキストデータの相互利用協定を結んでいます。

理療科（専攻科）の書架。理療科の教材もボランティアベースで製作されている

2023年度から、理療科の教科書は、点字データ版、音声DAISY版、UDブラウザ版（注1）の3種類のデジタル教科書が提供されるようになりましたが、教科書以外の教材は、ほとんどデジタル化されていません。

むずかしい漢字が多く使われていたり、図が多いという特徴があり、そうした教材のデジタル化が今後の課題です。

注1　UDブラウザ：慶應義塾大学　中野泰志研究室が開発している教科書・教材閲覧アプリ。
　　https://psylab.hc.keio.ac.jp/app/UDB/

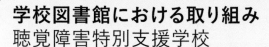

学校図書館における取り組み
聴覚障害特別支援学校

Chapter 3 - 2 - 2 - 2

聴覚障害特別支援学校図書館の特徴

　聴覚障害特別支援学校は、全国に120校（他の障害種との併置含む）あります（2023〔令和5〕年度特別支援教育資料　文部科学省）。

　聴覚障害特別支援学校で学ぶ児童・生徒の数（重複障害を含む）は、2023年度で7,457名です。

　聴覚障害特別支援学校は、乳幼児教育相談をおこなっているため、0〜2歳児から保護者と来校しているケースもあり、幼稚部、小学部、中学部、高等部まで幅広い年齢層の子どもが在籍しています。

　在籍する子どもたちは、聴こえを補うために補聴器を装着したり、人工内耳を装用したりしている場合が多いのですが、装用者は外見上ほぼわかりません。

　一般に聴覚に障害があっても、視覚に障害がなければ、目で文字が視認できるので読書にバリアがないと思われがちですが、多くの聴覚障害のある人はバリアを抱えています。

　それは、生まれつき、あるいは幼い頃から聴覚に障害のある子どもの場合、音声でことばが入ってこない・入りにくいために、言語の習得に困難があります。また、日本手話を母語として育ったろう者の場合、日本語は第二言語となるため、読み書きにバリアを抱えることが多いと言われています。

　聴覚障害特別支援学校の図書館では、できるだけわかりやすく読み

やすい本を揃えたり、写真やイラストを多く掲載しているビジュアルな本を蔵書するようにくふうしています。

→ 実践事例（東京都立葛飾ろう学校図書館）

図書館専門員（学校司書）が週２〜３日勤務し、学校図書館の整備やブックトーク、選書の手伝いをしています。

① 絵本や図鑑を多く揃え、書架から取り出しやすく、表紙が見えるように展示

聴覚に障害のある子どもたちは、目から情報を得ることに長けているので、幼少期から絵本や図鑑など、ビジュアルな本を通して、文字を学ぶことが有効と言われています。

図書館を見渡したとき、どこにどんな本があるのかわかりやすいように展示したり、日本十進分類法（NDC）の項目を大きめに表示したりといったくふうをしています。

② マンガを多く蔵書

ふきだしで登場人物の会話の内容がわかりやすく、またコマ割りで展開するマンガは、日本語の文章を読むのが苦手な子どもたちに人気があります。

またマンガによっては、漢字にルビ（ふりがな）がついている作品が読みやすいと人気があるそうです。

書架の様子

③ 手話をまじえたおはなし会の実施

　手話のできる読み聞かせボランティアが、定期的に学校図書館に来て、読み聞かせをおこなっています。日本語の文章をわかりやすくするために、たとえば絵本に出てくることばや文章に沿って、手話もまじえながら読み聞かせをしています。

手話をまじえたおはなし会

学校図書館における取り組み
知的障害特別支援学校

Chapter 3 - 2 - 2 - 3

⇒ 知的障害特別支援学校図書館の特徴

　知的障害特別支援学校は、全国に823校あります（2023〔令和5〕年度特別支援教育資料　文部科学省）。在籍する児童・生徒の数ですが、特別支援学校に在籍する児童・生徒の合計151,362名のうち、知的障害のある児童・生徒は141,063名なので、全体の約93％となります。

　ちなみに、知的障害特別支援学校の在籍児童・生徒数の統計の推移を見てみると、20年前（2003年度）は63,382名、10年前（2013年度）は118,225名で、毎年増加を続けています。

　その結果、近年、特別支援学校の教室不足が問題になっていて、2023年現在、全国で3,359教室が不足となっています。

※参考資料：文部科学省　公立特別支援学校　教室不足について
　https://www.mext.go.jp/content/20240329-mxt_sisetujo-000034597_1.pdf

　知的障害特別支援学校では、作業学習、現場実習、キャリア教育などの実践的な職業教育がおこなわれています。

　作業学習では、農作業や製造、清掃など、実際の職場を想定した作業を通して、仕事に必要な基本的スキルを身につけます。現場実習では、地域の企業や施設と連携し、実際の職場で実習をおこなう機会を設けています。書店や図書館で知的障害のある生徒がエプロンをして、バーコードリーダーを使った実習をおこなっているのを見かけることがあると思います。キャリア教育としては、卒業後の進路を見据えな

学校図書館 知的障害特別支援学校

がら、職業に関する知識を深める授業や、生徒一人ひとりの自己理解を促進するための面談をおこなっています。

●**知的障害者にとっての読書とは？**

長い間、知的障害者の読書に関する取り組みは、遅れてきた側面があると思います。これにはいくつかの要因があり、小学校段階では絵本や児童書が比較的読みやすいため、特別なサポートが不要だったものが、小学校高学年以上になると、生活年齢と知的年齢のギャップが広がっていき、利用者のニーズを満たす読みやすい本が不足しているという現状が挙げられます。

近年、日本においてもLLブック（やさしく読める本）の出版が始まりましたが、まだ出版されている点数が限られています。学校図書館においては、LLブックだけにとどまらず、一般に出版されている本の中から、知的障害のある子どもたちにも読みやすい本を選書することが大切です。

⇒ **実践事例**（鳥取大学附属特別支援学校）

この学校の中学部には、農園班、手工芸班、陶芸班という3つの作業班があります。

農芸班の子どもたちは、学校農園にある水田で米づくりをおこなったり、トマトやナス、ポップコーン用とうもろこし、さつまいも、じゃがいもなど季節の野菜を育てています。

とくに秋から冬にかけて、「ひと畝オーナーになろう」という単元の中で、個々に冬野菜について調べて、育てるということをしています。そのような農園班の活動を学校図書館が支援しているのです。

米づくりにおいても、自分たちが育てた「イネ」がどのような過程を経て、みんなが知っている「おコメ」になるのかを事前に理解することが重要と考え、まず『もみごめぼうやのだいへんしん』(ともえだやすこ作・絵　銀の鈴社)の一部(稲刈りの部分)を抜粋し、マルチメディアDAISY図書で視聴します。その後、学校司書がさらにくわしい本として、『お米から育てるおにぎり』(真木文絵 文　石倉ヒロユキ 写真・絵　偕成社)のページを開きながら、「みなさんが6月に取り組んだ代かき・田植えも載っていますよ」と言って、読み聞かせをしました。

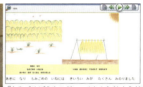
『もみごめぼうやのだいへんしん』(ともえだやすこ作・絵　銀の鈴社)マルチメディアDAISY図書の画面

マルチメディアDAISY図書を視聴

学校司書による読み聞かせ

　このように生徒たちが作業を通して、実際に体験した内容について、学校図書館の資料を使って知識を深めながら、子どもたちのさらなる興味・関心をひきだしていくことができます。

　中学部の生徒たちにとって、教師による絵本の読み聞かせには抵抗がある場合もありますが、この学校では、マルチメディアDAISY図書を活用することによって、それが解消されたのではないかと総括していました。

学校図書館における取り組み
肢体不自由特別支援学校

Chapter 3-2-2-4

⇨ 肢体不自由特別支援学校図書館の特徴

　肢体不自由特別支援学校は、全国に351校（他の障害種との併置含む）あります（2023〔令和5〕年度特別支援教育資料　文部科学省）。

　肢体不自由特別支援学校で学ぶに児童・生徒数（重複障害を含む）は、2023年度で30,161名です。

　在籍している子どもたちの障害は重度・重複、多様化しており、肢体不自由に加え、病弱、知的障害、自閉スペクトラム症、視覚障害、聴覚障害などを併せもつ子どもたちが増えています。

　経管栄養、人工呼吸器など、医療的ケアを必要とする子どもたちが在籍しているため、学校介護職員が配置されています。

　子どもたちの学力もさまざまで、大学に進学する学力のある肢体不自由の子どもは、普通校に在籍するケースが多いのですが、特別支援学校に在籍する場合もあります。

　肢体不自由特別支援学校の学校図書館は、一般校の学校図書館とは異なり、一人ひとりの多様なニーズに対応するため、さまざまなくふうをしています。

　たとえば、教室までワゴンを使って本を届けたり、廊下や教室・玄関付近のオープンスペースを活用した図書コーナーを設置していることなどです。

また、紙の本のページがめくりにくい子どもたちのために、デジタル図書を活用していることも特徴です。

実践事例（東京都立鹿本学園学校図書館）

　肢体不自由と知的障害の子どもたちが在籍している知肢併置校です。図書資料に関する知見のある外部の方と連携しながら、学校図書館の環境整備に取り組んでいます。

① 学校図書館を使いやすく身近に感じてもらえるようにくふうをする

　車いすに座った状態でも手にとりやすい高さの書架に本を並べています。また、図書館内を車いすで移動しやすい空間にしています。そして、図書の時間以外にも、休み時間などを使って、介助員といっしょに学校図書館を訪問し、借りた本を教室で楽しんでいます。

図書館内の様子

② 廊下など子どもたちの動線上に、図書コーナーを設置する

　学校図書館だけではなく、廊下や教室近くのオープンスペースなどに、絵本や図鑑などをテーマに沿って展示しています。

定期的に展示する本を変えることで、子どもたちも興味・関心を新鮮に保つことができます。

廊下の図書コーナー

③ 外部有識者によるおはなし会の定期開催

　肢体不自由があり、重複障害のある子どもたちの中には、絵本の読み聞かせをしてもらった経験が乏しく、物語と親しむ機会が少なかった子どもがいます。また、視覚や聴覚に障害を併せもっている子どももいるので、おはなし会では、一人ひとりの子どもを意識して、丁寧に絵本のページを見せながら、語りを進めています。さまざまなテーマの絵本を通して、知識や経験を増やしていくことができます。

おはなし会の様子

学校図書館における取り組み
病弱・身体虚弱特別支援学校

Chapter 3 - 2 - 2 - 5

　病弱・身体虚弱特別支援学校は、全国に156校あります（2023〔令和5〕年度特別支援教育資料　文部科学省）。

　病弱特別支援学校で学ぶ子どもたちの数は、2023年度で19,339名です。在籍しているのは、慢性的な病気（呼吸器疾患、心臓疾患、腎臓疾患、糖尿病、がんなど）や、身体虚弱の状態が長期にわたるため、通常の学校に通うことがむずかしい子どもたちです。

　子どもたちの年齢や発達段階にあわせ、病気や入院生活に関する本、興味・関心のある分野の本、オーディオブックや電子書籍など、多様なジャンルの本を提供することが求められます。

　衛生面に配慮した書籍をブックトラックに載せて病室に運び、移動図書館を実施したり、体調に配慮しながらおはなし会を開催したりといった活動もあります。

大学図書館における取り組み

Chapter 3 - 3

　日本には大学が796校（2024年度）あり、その内訳は、国立大学82校（10.3％）、公立大学95校（11.9％）、私立大学592校（74.4％）、その他27校（公立専門職大学、私立専門職大学、文部科学省所管外の大学校）（3.4％）となっています。

　大学ごとに大学図書館が設置されていますが、大学によっては、キャンパス単位や学部単位の図書館も設置していたり、また近年は図書館以外にラーニングコモンズと呼ばれる学習センターを、図書館とは別に設置する大学も増えてきました。

　2010年、著作権法施行令の一部を改正する政令の中で、障害のある学生のための媒体変換（音訳や拡大、テキストデータ製作など）を著作者の許諾なしに製作できる施設として、公共図書館、学校図書館とともに、大学図書館が明記されたことから、大学図書館が読書バリアフリーを担う機関として期待されました。

※参考資料：文化庁　著作権法施行令の一部を改正する政令の概要
　https://www.bunka.go.jp/seisaku/chosakuken/hokaisei/h21_hokaisei/pdf/21_houkaisei_seirei_gaiyou.pdf

　しかし、実際に障害学生へのサポートをおこなう機関としては、大学によって名称が異なりますが、おもに障害学生支援室、あるいは学生相談室のような部署が管轄し、そこでボランティア養成をおこなっているケースが多いようです（とくにそのような部署が設置されていない大学もあります）。

そうした障害学生を専門に担当している部署と、大学図書館が連携することが望まれますが、まだ実例は少ないようです。

大学図書館は学生の研究に役立つ豊富な資料を揃えていますので、たとえば公共図書館で実施されている対面朗読のようなサービスが実施されることが期待されます。

●**大学教科書のアクセシビリティについて**

大学で使われている教科書のアクセシビリティについて、これまではおもに大学の障害学生支援室などが養成した学生ボランティアが無償・あるいは有償でテキストデータ化する作業を担うケースが多く見られましたが、コロナ禍での遠隔型授業の経験を経て、一部の教科書会社と大学が契約をかわし、教科書を発行している出版社が本文テキストデータを提供するケースも出てきました。

ただ、課題としては、図や表組、グラフ、写真、イラストなどの代替テキスト（画像の情報の説明）をどのように提供するべきなのかについて、検証していく必要があります。

⇨ **実践事例（筑波大学図書館）**

筑波大学は1973年に開学して以来、多くの障害学生が在学していますが、2001年度に学長の下に「障害学生支援委員会」を設置。2007年に「障害学生支援室」ができ、その後「ダイバーシティ・アクセシビリティ・キャリアセンター」を経て、2023年から「ヒューマンエンパワーメント推進局（BHE）」が立ち上がりました。

筑波大学には現在（2024年度）、大学生約1万人、大学院生約7,000人が在籍しているのに対して、障害学生は157人で、全体の約0.9％と

なります。

　障害種別としては、発達障害・精神障害のある学生がその7割となっています（他は視覚障害、聴覚障害、運動障害、内部障害など）。

https://www.ndl.go.jp/jp/library/supportvisual/docs/kouza/r6_kouza07.pdf

　筑波大学の障害学生支援の特色としては、修学支援が必要と認められた学生にピア・チューター（支援学生）を配置しています。ピア・チューターの数は例年200名ほどです。

　ピア・チューターは、大学が開設する養成講座（1単位を認定）を受講し、支援技術を習得。ピア・チューターには、大学から謝金が支給されます。

　筑波大学の図書館は、筑波キャンパスに4つ、東京キャンパスに1つ設置されています。

　各館に、拡大読書器[注1]、車いす対応机、読み上げソフトなどをインストールした学生用パソコンなどがあります。中央図書館（筑波キャンパス）には対面朗読室があり、図書館ボランティアが対面朗読

サービスを提供します（要予約）。

　また、障害のある学生のための資料のデジタル化について、2017年度より試行、2019年度より正式に開始しました。

　対象は、視覚障害等で冊子体利用が困難な図書館利用者で、実施者は、BHEと附属図書館が協力しています。

　2024年度時点で、電子化業務は、BHEの職員とピア・チューター、図書館の職員と学生スタッフが分担しています。

　利用者登録をBHE職員が、電子化作業の統括・事務を図書館職員が担当。また、データ作成作業において、学生スタッフがおもにスキャニングやOCR（注2）を担当し、ピア・チューターが校正や図表説明を担当しています。

　製作するデータは2種類で、
①透明テキスト付PDF（注3）（OCRで読み取ったままで、校正なし）
②テキストデータ（OCRで読み取ったものを校正。図表の文字による説明を挿入）です。

　①はおもに拡大して読む人、ページめくりが困難な人、②はおもに読み上げソフトを使用する人が対象となります。

　電子化したデータは学習管理システムを使い、受講登録や講義資料配布と同様のしくみで、過去に電子化した資料が蓄積され、登録者がいつでもダウンロードできるようにしています。

(注1) 拡大読書器：文字や絵などを拡大して画面に映し出す機器。
　　　弱視の人が自分の読みやすい文字サイズや配色で読書できる。

(注2) OCR（＝Optical Character Recognition　光学文字認識）：
　　　手書きや印刷された文字をデジタルデータに変換する技術。
(注3) 透明テキスト付PDF：PDFファイルにテキスト（文字情報）が埋め込まれたPDFのこと。
　　　画像の文字部分をテキストに変換して重ね合わせているため、検索やコピーが可能。

点字図書館における取り組み

Chapter 3 - 4

　点字図書館は、図書館と名づけられていますが、図書館法に基づく施設ではなく、身体障害者福祉法に基づく施設で、「視覚障害者情報提供施設」が正式な名称です。

　管轄も文部科学省ではなく、厚生労働省となります。

　全国に76施設（2024年４月１日現在）があり、うち公立が50か所、私立が26か所となります。

　点訳図書とは、一般書籍（点字図書館では「墨字図書」と呼びます）を点字に訳した本です。

　音訳図書とは、一般書籍を読み上げた音源を録音したものです。以前は、カセットテープやCD（57ページ参照）に保存して貸出をしていました。

点字ファイルに閉じられ分冊された点訳図書

CDに保存された音訳図書

　点字はすべてかなで表記しますが、音訳も音声による表現のため、どちらも漢字による区別がないのが特徴です。同音異義語で意味を取り違えやすそうな場合、「点訳者注」「音訳者注」として、文字や意味

の説明をつけ加える場合があります。

　また、図・表・グラフ・写真・さし絵などの視覚的資料の説明もつけ加えられます。これは、本に書かれているあらゆる情報を、可能な限り目で読むときと同じように伝えるためです。

　点字図書館の資料提供には、古くから多くのボランティアが製作に携わってきました。点訳図書の作成には、読みの調査、テキストデータ編集、点訳ソフトによるデータ変換、校正、内容によっては触図（点図）作成という工程で製作をおこないます。音訳図書の作成には、やはり読みの調査、録音、校正、編集という工程で製作をおこないます。

※参考資料：
　日本点字図書館　点字図書ができるまで
　https://www.nittento.or.jp/about/virtual/braille.html
　日本点字図書館　録音図書ができるまで
　https://www.nittento.or.jp/about/virtual/recording.html

　点訳図書の送付にあたっては、郵便物の表面に「点字用郵便」と記載（縦長の郵便物の場合、左上。横長の郵便物の場合、右上）し、切りかけを設けて、中身が点訳図書であることがわかるようにすれば、ポストに投函することができ、送料は無料です。

　音訳図書の送付にあたっては、郵便局が認める特定録音物等郵便物発受施設（多くの点字図書館や公共図書館は認可されています）からであれば、無料で送付することができます。

　郵便物の表面には、録音物であっても、「点字用郵便」または「特定録音物」と記載する必要があります。

※参考資料：特定録音物等郵便物を発受することができる施設
　https://www.post.japanpost.jp/service/standard/shisetsu/index.html

●サピエ図書館

　従来は郵便を使ってやりとりをしていた点訳図書、音訳図書ですが、

点字図書館

インターネットが普及したことにより、インターネット上にバーチャルな図書館である「サピエ図書館」を運営し（運営母体：特定非営利活動法人全国視覚障害者情報提供施設協会）、そこから点訳データ・音訳データをはじめ、以下のようなデータがダウンロードできるようにしています。（2024年8月現在）＊＝国立国会図書館のデータ含む

　点訳データ＊：271,093タイトル

　音声DAISY（音訳図書）＊：165,118タイトル

　シネマ・デイジー（映画の主音声に音声ガイドを付与し、音声だけで映画を楽しめる"耳で観る映画"）：956タイトル

　テキストDAISY（テキストデータを電子書籍の形式にしたもの）＊：16,688タイトル

　マルチメディアDAISY（テキストDAISYに読み音声を付けた電子書籍）＊：1,403タイトル

サピエ図書館ウェブサイト　https://www.sapie.or.jp

「サピエ図書館」が利用できるのは、目の見えない人・見えにくい人、文字や文章の認識が困難な人、本を持ったり、めくったり、目で文字を追うことが困難な人など、読書にバリアを感じている人です。

「サピエ図書館」では点字図書館やボランティア団体が点訳データや音訳データなどをサーバーにアップロードし、利用者はインターネットを通じて、使用している端末にダウンロードし、点字ディスプレイで点字を表示させ、それを指でさわって読んだり、スマートフォンやタブレット端末、デイジー再生機などで、音声で読み上げたものを聴くという読書方法に大きく変わりました。

点字ディスプレイ　　　　　　　デイジー再生機

このことによって、利用者の立場からは、本を検索し、読みたい時に読みたい場所で瞬時に読むことができるようになったわけです。

サピエ図書館には、オンラインリクエスト機能もあり、ダウンロードできない資料を取り寄せて、資料の所蔵先から希望するタイトルの点訳図書や音訳図書が貸し出されることになっています。

● **点字図書館に関する今後の課題**

2019年に読書バリアフリー法が施行されたことにより、点字図書館は視覚障害者だけでなく、視覚的な著作物の情報を、そのままでは読むことが困難な人にサービスをおこなうことが求められています。た

点字図書館

とえば、ディスレクシア（読み書き障害）や、肢体不自由などのある人もサービスの対象になります。サピエ図書館も、視覚障害者や活字による読書が困難な人を対象に運営されています。その人が認識できる形式（拡大文字、点字、音声、テキストデータなど）に変換し、その人が利用できる形式（媒体、伝達手段）で提供するようになっています。

点字図書館は長年にわたって視覚障害者のみを対象に読書支援を続けてきたため、「点字図書館＝視覚障害の人が利用するところ」という認識からなかなか脱却することがむずかしく、音訳図書を必要としている利用者への啓発が遅れています。

視覚障害特別支援学校をはじめ、小学校・中学校・高等学校の学校図書館でも、サピエ図書館の利用登録を進め、子どもたちが点字や音訳の図書資料データの利用を日常的にできるように、もっと普及させていくことも重要です。

また、今までボランティアの手によって支えられていた点字図書・音訳図書の製作は、ボランティアの高齢化や後継者不足により、その方法や体制を再考する時期に来ています。持続可能な情報提供システムにしていくために、アクセシブルな電子書籍（音声読み上げやレイアウト変更可能な電子書籍）やオーディオブックの出版が進み、出版社や企業からのテキストデータの提供が速やかにおこなわれるようになることも求められていると言えるでしょう。

国立国会図書館における取り組み

Chapter 3 - 5

国立国会図書館は、「国会」というネーミングからわかるとおり、東京・永田町の国会議事堂近くにありますが、2002年10月に、京都府精華町に関西館ができました。また、上野にあった帝国図書館（戦後は国立国会図書館支部上野図書館）を改築し、わが国初の国立の児童書専門図書館である国際子ども図書館が2002年5月より全面開館しています。

国立国会図書館は、国立国会図書館法に規定されている納本制度により、日本で出版される書籍や雑誌などすべての出版物を蔵書するとともに、出版流通していない私家版もできる限り収集し、各1冊ずつ所蔵しています。

一般にはあまり知られていませんが、国立国会図書館は、資料や情報の利用に際して障害のある人へのサービスをおこなっています。

① 「みなサーチ」（国立国会図書館障害者用資料検索）

「みなサーチ」は、2024年1月5日からスタートした、さまざまな障害のある人が、利用しやすい形式の資料やデータ（点字、DAISY、テキストデータ、大活字本、LLブック、電子書籍、バリアフリー映像資料など）を探すことができるサービスです。

みなサーチというネーミングの由来は、すべての人＝皆（みな）にとって使いやすく検索しやすいシステムでありたいという願いと、著作権法で読書バリアフリー法にかかわる条文が第37条であるところ

国立国会図書館

から、「37＝みな」というゴロあわせからきています。

https://mina.ndl.go.jp/

② 視覚障害者等用データ送信サービス

　国立国会図書館は、過去の蔵書資料から順番にデジタル化を進めています。かつては、マイクロフィルムへの保存方式でしたが、2000年以降、画像データ（JPEG形式）化が進められ、2021年度以降、247万点だった画像データからOCR処理によるテキストデータが製作されました。画像データをさらにテキストデータ化することにより、音声読み上げや文字拡大など読書にバリアがある人にとってアクセシブルな読書への可能性が広がったこととともに、全文テキストから内容の検索ができるようになったことは特筆すべきことです。ただし、文字校正については、現時点では未着手です。

　国立国会図書館では、デジタル資料として、これ以外にも全国の図書館などから点字データ、DAISYデータ、テキストデータを約５万点ほど収集しています。

　このサービスを利用できるのは、視覚障害者等用データ送信サービス

に個人登録した人と、同サービスの送信承認を受けている図書館です。なおこの個人登録については、みなサーチからオンラインで登録可能です。みなサーチのウェブサイトには、登録できる人として、以下の記述があります。

「視覚障害その他の理由で通常の活字の印刷物の読書が困難な方：視覚に障害がある方、ディスレクシアの方、上肢に障害があり、ページをめくることができない方などが対象です。申請の際、通常の活字の印刷物の読書が困難なことが分かる書類のご提示が必要です。」

その他、18歳未満の場合、オンライン登録はできないが、国立国会図書館のウェブサイトから問い合わせれば登録可能なことと、個人用のメールアドレスが必要であることが記載されています。

なお全文テキストデータについては、2025年3月末までにさらに約75万点の提供を追加予定です。これまではかなり古い本のデータが多かったものが、この追加するテキストデータには1980年代、1990年代の本のデータも含まれています。

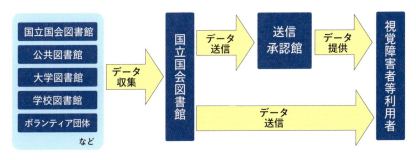

視覚障害者等用データ送信サービス

なお、点字図書館の項で紹介した「サピエ図書館」の個人会員の人は、国立国会図書館に利用者登録しなくても、サピエ図書館内でこの視覚障害者等用データ送信サービスを利用することができます。ただし、以下のデータは、サピエ図書館では利用できません。

- 電子書籍（EPUB）
- 音声付き電子書籍（EPUB）
- 透明テキスト付PDF（109ページ参照）
- WORD（DOCX）
- プレーンテキスト（TXT）
- 海外から取り寄せたデータ

4章

出版社・書店における取り組み事例

Support for people
with reading disabilities
Chapter 4

「読書バリアフリー＝ボランティア(福祉)の世界のこと」と思われてきた

　読書にバリアを感じている人として、最初にイメージされるのは圧倒的に視覚に障害のある人だったと思います。公共図書館などで点訳や音訳の研修を受けた人たちがその後ボランティアとして、点字図書、音訳図書などを製作し、点字図書館や公共図書館などで貸し出されてきました。

　そうした活動に著作者や出版社がかかわるというケースはほとんどありませんでした。

　その象徴的な出来事として知られているのは、1975年1月の読売新聞の記事です。「愛のテープは違法の波紋」という見出しの記事が掲載され、日本文芸著作権保護同盟が文京区立小石川図書館の録音サービスにクレームをつけたという内容でした。

　日本において1970年代から公共図書館による視覚障害者向け録音図書製作と貸出が始まりました。当時の著作権法では、点字図書については誰でも自由に製作することが認められていましたが、録音図書製作は点字図書館以外、著作者の許諾を得る必要がありました。

　しかし、その後、障害当事者や図書館関係者が文化庁や著作者へ働きかけをおこなうことによって、何度か著作権法が改正され、いまでは公共図書館や学校図書館、大学図書館などいくつかの指定された機関のほか、SARTRAS（サートラス）(一般社団法人授業目的公衆送信補償金等管理協会)に登録した音訳ボランティア団体は、著作者の許諾を得ることなく、音訳図書などを製作できることになっています。

2023年　市川沙央さんの芥川賞受賞が もたらしたもの

2023年7月、作家の市川沙央さんが『ハンチバック』という小説で第169回芥川賞を受賞したことがニュースとして大きく報道されました。それは、市川さん自身、筋肉が衰えていく難病患者であったこと、また、自身をモデルにしたと思われる登場人物に以下のようなセリフを語らせたことが大きな要因でした。

> こちらは紙の本を1冊読むたび少しずつ背骨が潰れていく気がするというのに、紙の匂いが好き、とかページをめくる感触が好き、などと宣い電子書籍を貶める健常者は呑気でいい。……………
>
> 市川沙央『ハンチバック』文藝春秋

また、贈呈式に出席した市川さんは記者会見で「私が一番訴えたいのは、やはり『読書バリアフリー』が進んでいくことです」と発言しています。

市川さんのニュースがきっかけで、作家の団体である日本文藝家協会、日本推理作家協会、日本ペンクラブの3団体は、2024年4月、「すべての人に表現を届けるために、そして誰もが自由に表現できるように」という読書バリアフリーに関する共同声明を出しました。

これは、先ほど紹介した1970年代に一部の著者が録音図書製作を行うボランティアを「違法だ」と訴えた時代から考えると隔世の感があります。もちろん、作家の方々も自分たちの権利だけを主張していたわけではなく、多くの作家たちが「読書バリアフリー」を必要としている読者の存在を知らなかったことが大きかったと思います。また、「誰もが自由に表現できるように」という文言からも、市川さんのよう

な表現活動をする人が増えてほしいという願いが込められていると思います。

⇨ 出版社も「当事者」になる時代

作家の団体が読書バリアフリーの推進を求める声明を出したことは、出版社にも大きな影響を与えました。

これまで比較的、障害のある読者などへの対応に慎重な姿勢を貫いてきたと思われる出版社も、作家たちの共同声明に遅れること約3か月後に、出版5団体が連名で、読書バリアフリーに関する共同声明を出し、「われわれ出版者は、著作者の方々のこのような真摯な願いを深く受け止めます」としたうえで、「一人でも多くの読者に本を届けたいという思いは、あらゆる分野の出版者の根本にあります」とし、「読書バリアフリーを実現するための環境づくりや技術の進歩は、出版に携わるすべての関係者の理解と協力の上に進められるものである」と述べています。

地球温暖化対策に従って、たとえば自動車メーカーが排ガス規制をおこなっているように、出版社も読書バリアフリーの実現に向けて、企業の社会的責任（CSR）として、なんらかの対策を講じることが求められています。

⇨ アクセシブルな電子書籍

読書バリアフリー法の第3条には「視覚障害者等が利用しやすい電子書籍等が視覚障害者等の読書に係る利便性の向上に著しく資する特性を有することに鑑み、情報通信その他の分野における先端的な技術

等を活用して視覚障害者等が利用しやすい電子書籍等の普及」を図るという一文があります。

では、視覚障害者等が利用しやすい電子書籍とは、どのような電子書籍でしょうか。

電子書籍には、EPUBという国際的な標準規格があります。EPUBの特徴には、「HTMLをベースにしている」「画像・動画・音声を埋め込むことができる」「縦書きに対応している」「レイアウトを細かく設定できる」「画面の大きさに合わせて表示を調整できる」などがあります。国際的な規格が設定されている理由は、電子機器のメーカーや国ごとに別々のフォーマットで製作されてしまうと、読者が読みたい本ごとに違うブラウザや情報端末を用意しなければならないという不便を被ることを避けるためです。

従来、国内でもさまざまなフォーマットを採用した電子書籍が存在しましたが、現在ではほとんどEPUBを採用した電子書籍が販売されています。

EPUB規格の電子書籍には、大きく分けるとフィックス型（固定レイアウト型）とリフロー型の書籍の２種類があり（78ページ参照）、「視覚障害者等が利用しやすい電子書籍」（アクセシブルな電子書籍）を考える際、リフロー型が採用されている電子書籍のほうが、音声読み上げができたり、読者が読みやすい文字サイズやフォント（書体）の変更ができるなど、メリットが高いと考えられています。

つぎのページの表は、植村八潮（専修大学文学部教授）がまとめた電子書籍化の課題です。

専門書及び学習参考書	・電子書籍化及びTTS：Text to speech（合成音声での読み上げ）、オーディオブックなどの対応が進んでいない ・電子書籍等がビジネスになりにくい ・小規模出版社が多く、社内のリソース・ノウハウ不足 ・読み上げにおいて厳密性が求められる ・図表が多く、引用・参照が多い ・レイアウトが特殊でEPUB対応しにくい
上記以外で電子書籍が進んでいない一般書	・電子書籍等がビジネスになりにくい ・小規模出版社が多く、社内のリソース・ノウハウ不足 ・ノウハウ共有に課題
電子書籍が出版されているもの （EPUBリフロー型）	・大手出版社が中心となり、電子書籍化（EPUB化）が進んでいる ・TTSでは99％の精度でよい →文芸書などでは厳密性が比較的低い。 ・EPUBで出版されているものの、TTS対応になっていない →原則、TTS対応を目指す。 ・TTS未対応の電子書籍ビューワーがある →Kindleのみ対応だが、日本の電子書店でも対応を目指す。

出典：「令和３年度　読書バリアフリー環境に向けた電子書籍市場の拡大等に関する調査」に関する報告書に一部加筆

⇒ アクセシブル・ブックス・サポートセンター（ABSC）の設置

　読書バリアフリー法を受けて、出版社の横断的な組織として、2023年３月、アクセシブル・ブックス・サポートセンター（ABSC）が設置され、出版されている電子書籍やオーディオブック、バリアフリー図書などのデータベースの構築を目指したり、アクセシブルな電

子書籍やさまざまな立場の読者への電子データ提供に関するノウハウを共有しようという動きが始まっています。

※アクセシブル・ブックス・サポートセンター（ABSC）のウェブサイト
　https://absc.jp/

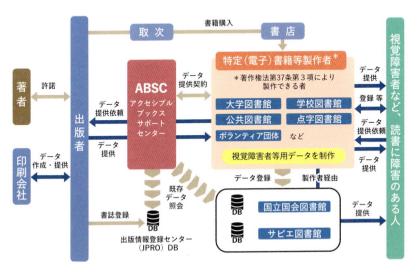

ABSC　電子データの提供スキーム

ネット書店の動向

　日本における本格的なネット書店のさきがけは、2000年11月から日本でもＥＣサイトによる営業を開始したAmazon（アマゾン）ですが、アマゾンが運営する電子書籍のウェブサイトはKindle（キンドル）ストアです。

　アマゾンやhonto、楽天ブックスなどネット書店の多くは、紙の本と電子書籍がどちらも購入できるようになっています。

　そして、Kindleストアでは、その電子書籍がTTS（合成音声での読み上げ）対応になっているかどうかの表示がされています。

　また、ネット書店によっては、購入前に「試し読み」の機能があり、

冒頭部分だけという設定が多いのですが、読者が使っているパソコンやタブレット端末で、その人の読み方に対応しているかどうかをあらかじめチェックすることが可能です。

「有効」となっていても、必ずしも読み上げられるわけではない。

> ### → 電子書籍を閲覧するためのビューワー（リーダー）によっては自分にあった読み方ができない場合も

電子書籍を閲覧するためのソフトウェアのことを「ビューワー」あるいは「リーダー」と呼んでいます。ビューワーの基本的な機能として、まるでリアルな書棚のように複数の書籍を並べて所蔵できるように設計されていますが、それ以外に、ページめくり、目次、ブックマーク（紙の本におけるしおりにあたる）、キーワード検索などの機能も備えています。

そして、ビューワーの読書バリアフリーにかかわる機能として、文字サイズや文字間・行間、書体、背景色、文字色、組み方向、明るさの変更がどのような範囲で可能なのか、TTS（音声読み上げ）の機能の有無、音声の種類（男声・女声など）、速度変更がどこまで可能なのかなどがあります。ビューワーによって、かなりの違いがありますので、使用する前に比較してみることが必要です。

5章

身近な場所で すぐできる サポートとは

Support for people
with reading disabilities
Chapter 5

外見だけでは障害や病気があることが わかりにくい「見えない障害」

Chapter 5

　2011年は、3月に東日本大震災が起きた年として記憶されていますが、この年に話題になった本に『困ってるひと』(大野更紗著　ポプラ社)があります。大学院でビルマ難民を研究していた著者が突然原因不明の難病となってしまい、自らが医療難民になってしまったエピソードをユーモアたっぷりに執筆したエッセイでした。

　その頃社会に出てきたことばに、「見えない障害」というものがありました。これは、視覚障害という意味の「見えない」ではなく、外見だけでは障害や病気があることがわかりにくく、サポートを受けにくい立場の人のことを指しています。

　家族、友人、仕事場の同僚、ご近所の人など身近な人の中にも、「見えない障害」のある人がいらっしゃるかもしれません。もしご本人から相談があったら、できるサポートを考えてみましょう。

　この章では、Q&A形式で、身近な場所でできる読書バリアに関するサポート事例について考えてみたいと思います。

　この本では、読書のバリアは一人ひとり異なることを説明してきました。よって、ここで紹介するサポートは万能ではありません。あくまで「当事者」の声を聴き、いっしょに考えることから始めてみてください。

→ 学校現場で

Q クラスにディスレクシアと思われる子どもがいます。どのようなサポートが考えられるでしょうか？

A 教材や試験問題をつくる際、文字サイズをその子どもが読みやすい大きさに変更したり、書体（フォント）を読みやすいものに変更する方法があります。

また、漢字にルビをつけたり、分かち書きをおこなうなどのサポートも考えられます。国語や英語などの長文を読むのは困難な場合が多いので、必要な個所を代読することも有効だと思います。

タブレット端末の活用も有効です。本文の音声読み上げに使ったり、文字を書く際は入力機能を利用したりすることができます。

Q 学校図書館で「読書バリアフリー」の取り組みをおこないたいと思います。すぐにできることとして、どんなことがありますか？

A たとえば、リーディングトラッカー（リーディングルーラー）を用意してはいかがでしょうか。販売されているものもありますし、手作りで作成することもできます。

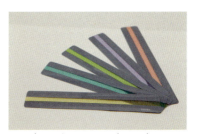

リーディングトラッカー（キハラ）

〈リーディングトラッカーのつくり方 例〉

用意するもの：

クリアファイル、マスキングテープ（3cm幅・無地のもの）、ものさし、はさみ（カッター、カッターマット）

学校現場で

①よく読む本の文字サイズを測る。
　→1行の幅で作るなら1行幅を測る。
　　2行の幅で作るなら2行幅を測る。

②リーディングトラッカーの型紙をつくる。横幅は文字サイズにあわせ、縦幅は5〜10cm程度にして、紙（画用紙など）を切る。

③いろいろな色のクリアファイルを本の上において、文字が読みやすいと感じる色を選ぶ。

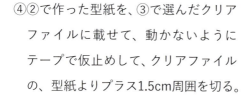

④②で作った型紙を、③で選んだクリアファイルに載せて、動かないようにテープで仮止めして、クリアファイルの、型紙よりプラス1.5cm周囲を切る。

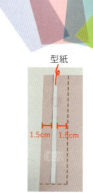

型紙

⑤縦方向の両端をマスキングテープで包むように貼る。

Q 学校図書館で「りんごの棚（バリアフリー図書の棚）」をつくってみたいと思っていますが、予算があまりないのであきらめています。なにか方法はあるでしょうか？

A 公益財団法人文字・活字文化推進機構がバリアフリー図書の貸し出し事業をおこなっています（2025年度は実施予定）。最大4週間ま

130

で、点字つき絵本や大きな文字の本、LLブック、マルチメディアDAISY図書など、さまざまなバリアフリー図書を一定期間借りることができますので、一定期間コーナーをつくることができます。

詳細は、同機構のURLをご確認ください。

https://www.mojikatsuji.or.jp/

また、地元の公共図書館に相談してみると、団体貸出を利用できる可能性があります。

❓学校図書館でも「サピエ図書館」が利用できるでしょうか？

Ⓐサピエ図書館（111ページ参照）は障害のある子どもが在籍していれば利用が可能ですが、年会費4万円が必要となります。会員になることがむずかしい場合は、地元の公共図書館が会員になっている可能性がありますので、相談してみましょう。障害のある子ども個人で登録する方法もあります。

以下のURLに、サピエへの登録手順が紹介されています。

https://www.naiiv.net/wp-content/uploads/2024/04/sapie-moshikomi.pdf

会員には、A会員（視覚障害者）とB会員（その他の障害）があり、利用施設・団体をどこか1つ指定する必要があります。

サピエ会員一覧・施設一覧は以下のURLにあります。
https://member.sapie.or.jp/institutions/block

ここで紹介されている施設の中で「A会員：都道府県内、B会員：全国」といった記述がありますので、その記述を参考にしてください。

Q マルチメディアDAISY図書は販売されていないと聞きましたが、どうすれば利用できるでしょうか？

A 公益財団法人伊藤忠記念財団では、2009年からマルチメディアDAISY図書「わいわい文庫」を製作し、希望する学校・図書館などに寄贈しています。「わいわい文庫」はCD-ROMの形式で提供されています（2025年3月現在）。白いレーベルと青いレーベルのものがあり、白いレーベルの作品は読むことに障害のある人のみの利用となりますが、青いレーベル（「バージョン・ブルー」と呼ばれています）の作品は誰でも利用することができます。

寄贈を希望される場合は、直接問い合わせしてください。

電話：03-3497-2652（電子図書普及事業部）

問い合わせフォーム：
https://www.itc-zaidan.or.jp/contact/

また、公益財団法人日本障害者リハビリテーション協会では、マルチメディアDAISY図書「デイジー子どもゆめ文庫」を製作し、利用できるウェブサイトを開設しています。利用できるのは、読みに障害のある人のみとなります。

「デイジー子どもゆめ文庫」には、おもに小学校の国語教科書で紹介している本を中心に収録されています。

https://yume.jsrpd.jp/

「デイジー子どもゆめ文庫」の利用には申請が必要です。利用を希望される場合は、以下のURLから申請をしてください。申請されると、利用するためのIDとパスワードが付与されます。

https://yume.jsrpd.jp/entry

Q 一般の小学校で学校司書をしています。教員と連携して、ディスレクシアの子どものサポートに取り組んでいきたいのですが、先生は忙しくてなかなかコミュニケーションがとれません。どのようにアプローチすればよいでしょうか？

A 教育委員会によっては、教員研修の中で学習障害や発達障害の子どもに関する説明をおこない、サポートに有効な事例として、タブレット端末の活用や、オーディオブック・マルチメディアDAISY図書などの活用を紹介しているケースもありますが、まだまだ十分な体制とは言えません。

　もし学校図書館用のパソコンやタブレット端末などがあれば、子どもたちといっしょにマルチメディアDAISY図書のミニ体験会などを企画してみてもよいと思います。

　教員の理解が得られれば、GIGAスクール構想で導入された1人1台のタブレット端末に、その子どもが必要なアプリをインストールし、必要なコンテンツを活用できるようになる可能性があると思います。

　保護者の方ともぜひコミュニケーションを図ってみてください。

→ 公共図書館の現場で

Q 読書バリアフリーの利用者を一人でも増やしていきたいと思いますが、どんなPR方法があるでしょうか？

A 公共図書館の利用者は固定しがちな側面があると思います。利用していない人の多くは、自分が読みたい本を利用することがむずかしいとあきらめてしまっている可能性があります。

一部の公共図書館では実施していますが、「読める」体験ができるミニイベントを企画してみてほしいと思います。

その際、視覚だけでなく、聴覚や触覚などを使ってみる体験を取り入れてみましょう。もちろんバリアフリー図書の棚（りんごの棚など）を設置すること自体がPRの１つとなりますが、それにワークショップや体験会を加えることで利用者が広がります。いまの時代ではSNSやYouTube（ユーチューブ）などの活用も有効だと思います。

地元にある病院や福祉施設との連携も有効です。たとえば目に病気のある人は必ず眼科を受診するので、眼科に図書館の利用案内「大きな文字版」を置いてもらうとか、知的障害のある人の就労施設に図書館の利用案内「わかりやすい版」を置いてもらうなどが考えられます。病院や施設に協力が得られれば、小さなバリアフリー図書コーナーを設置してもらうこともできます。

図書館の利用案内「わかりやすい版」の例

Q ヨーロッパでは、移民や難民の人への情報提供やことばの学習の場として、公共図書館が使われているということを耳にします。日本で同様の取り組みを進めていくためにはどんなアプローチが考えられるでしょうか？

A 日本では国の政策が進んでいないため、外国にルーツのある人へのサポートを図書館でおこなうという取り組みは一部の地域をのぞき、きわめて弱いと思います。

　まずはさまざまな言語の本や雑誌・新聞などを少しずつでも用意することも必要ですし、やさしく読める本の蔵書も進めていくことも必要だと思います。

　漢字が苦手な人も多いので、ルビ（よみがな）がついている本を児童書以外にも増やしていくことも必要です。また図書館の案内板や利用案内などに、ピクトグラムややさしい日本語の活用も検討してみてはと思います。

Q 聴覚障害のある利用者へのサポートとしては、どのようなことが可能でしょうか？

A 来館する聴覚障害のある人にとって不安なことの1つは、図書館スタッフとのコミュニケーションだと思います。

　カウンターに「耳マーク」を設置することで、「この図書館では聴覚障害の人もサポートしていますよ」というアピールをすることができます。カウンターに筆談ボードを置いたり、手話ができるスタッフがいる場合は、ネームプレートなどでわかりやすく表示します。

耳マーク

　図書館によっては、手話によるブックトークや読み聞かせをおこなっている図書館もあります。

公共図書館の現場で／家庭で

Q せっかく「対面朗読室」を設置しているのですが、ほとんど利用がありません。どうすれば活用されるようになるでしょうか。

A もともと対面朗読（地域によっては対面音訳と呼んでいます）は、視覚障害のある人を対象に考案されたサービスですが、対象を読書にバリアのある人全体に広げて、せっかくの個室を活用してはいかがでしょうか。とくに知的障害のある人への代読や読み聞かせには防音設備などもあるので、向いています。ディスレクシアの利用者で代読を希望される方もいるのではないでしょうか。

対面朗読の様子

⇒ 家庭で

❓ 子どもに本を読ませたいと思っているのですが、なかなか読もうとしません。視覚に障害はないのですが、どうも文字を読むことが苦手なようです。どんなアドバイスをするとよいでしょうか?

Ⓐ お子さんが文字を読むことに苦手意識をもっているようでしたら、ぜひ読みに関する検査を受けてみてください。「見る力」が弱かったり、あるいは学習障害などの可能性があるかもしれません。

　本を読ませることに限定せずとも、映画やアニメなどが好きなようでしたら、その原作本やノベライズをすすめてみるとか、オーディオブックを再生しながら、本を読んでみるという方法があります。

　担任の先生とも、授業での様子を共有してみましょう。

❓ 子ども(高校生)に読み書きの障害があります。教科書については、DAISY教科書を申請することができたのですが、教科書以外の参考書や大学の過去問題などではどのようなサポートが可能でしょうか?

Ⓐ まずは「みなサーチ」(115ページ参照)を使って、すでに媒体変換されたものが製作されているかどうか調べてみましょう。会員登録していなくても、検索だけはできます。

　そうしたリソースが利用できない場合は、タブレット端末でGoogle翻訳を使い、「日本語→日本語」を指定し、端末のカメラ機能で本のページを撮影すると、テキストデータ変換することができ、音声読み上げ機能などで読み上げることも可能となります(ただし、文字の変換ミスなどは起こる可能性があります)。

家庭で

Q もともと映画が好きだったのですが、進行性の目の病気により、視力が低下し視野が狭くなってしまったため、楽しめなくなってしまいました。もう一度楽しむための方法はあるでしょうか？

A 映画館では一部の映画でバリアフリー上映が実施されているので、アプリを使って音声ガイドをイヤホンなどで聞くことができます（72ページ参照）。DVDにもバリアフリー機能（字幕や音声ガイド）がついているものがあります（貸出をしている公共図書館があります）。

　ネット配信でもバリアフリー機能がついている作品があります。

　サピエ図書館にはシネマ・デイジーというコンテンツがあり、音声ガイドつき映画音声が再生できます。

Q 緑内障が進行し、最近は文字を読むことがむずかしくなってきました。家族からは「見えているうちに点字を覚えなさい」と繰り返し言われているのですが、どのように点字を覚えればよいか見当がつきません。

A 中途視覚障害者が点字を読めるようになるには、盲学校などで点字を学習している子どもたちに比べると、それなりの時間がかかると思います。仮に点字の書き方を覚えたとしても、点字を触読するスキルを身につけるには根気と労力が必要です。あなたがそれでも点字を学習してみたいと思われるのであれば、つぎの2つの方法が考えられます。

　①点字図書館などで点字指導をしている場合、そこで学習する

　　（ただし、点字指導を実際におこなっている図書館は限られています）

　②市販されている独習用テキストで学習する

　　『ひとりで学べる点字触読テキスト』原田良實著　読書工房

　これらの方法で実際に点字を読めるようになった人もいますが、これからの時代は、録音図書を利用したり、スマートフォンなどで音声読み上げを使うなど、多様な手段を活用していくことが大切だと思います。

138

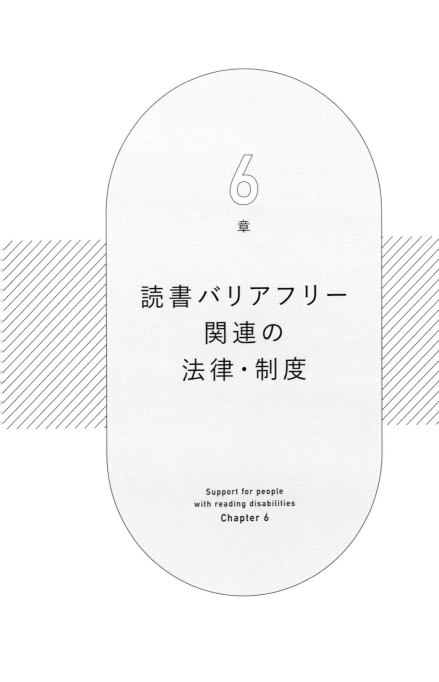

6章

読書バリアフリー関連の法律・制度

Support for people with reading disabilities
Chapter 6

　本章では、読書バリアフリーに関連するおもだった国内の法律や計画などを取り上げ、解説します。

⇒「視覚障害者等の読書環境の推進に関する法律」（読書バリアフリー法）と基本計画

　「視覚障害者等の読書環境の整備の推進に関する法律」（令和元年法律第49号）は、2019（令和元）年6月に施行された法律です。「視覚障害者等の読書環境の整備を総合的かつ計画的に推進し、もって全ての国民が等しく読書を通じて文字・活字文化の恵沢を享受することができる社会の実現に寄与すること」を目的としています。この法律にいう「視覚障害者等」とは、「視覚障害、発達障害、肢体不自由その他の障害により、書籍（雑誌、新聞その他の刊行物を含む。）について、視覚による表現の認識が困難な者」を指します。

　この法律では、基本理念、国・地方公共団体の責務、計画策定、基本的施策などを規定しています。基本理念としては、つぎの3点が示されています。要約すれば、

①視覚障害者等が利用しやすい電子書籍は、視覚障害者等の読書の利便性向上に著しく資するので、その普及を図るとともに、電子書籍以外の視覚障害者等が利用しやすい書籍も引き続き提供されること

②視覚障害者等が利用しやすい書籍及び電子書籍の量的拡充と質の向上が図られること

③視覚障害者等の障害の種類及び程度に応じた配慮がなされることの3点です。

　また、基本的施策として、「視覚障害者等による図書館の利用に係

る体制の整備等」、「インターネットを利用したサービスの提供体制の強化」、「視覚障害者等が利用しやすい電子書籍等の販売等の促進等」など出版と図書館の双方に関する9点を挙げています。国には、「視覚障害者等の読書環境の整備の推進に関する基本的な計画」の策定を義務づけており、2020（令和2）年7月に文部科学大臣及び厚生労働大臣によって第一期計画が策定されました。この計画によって、法律に定める9点の基本的施策がより具体化されています。2025（令和7）年3月には第二期計画が策定予定となっています。

なお、この法律では、地方公共団体にも、計画策定を努力義務としています。しかし、2024（令和6）年2月現在、都道府県レベルでも「策定済み」が4割にとどまるなど、計画策定は遅々とした状況です（文部科学省「令和5年度視覚障害者等の読書環境の整備の推進に関する計画の策定状況について」）。

⇨「障害を理由とする差別の解消の推進に関する法律」（障害者差別解消法）と基本方針

「障害を理由とする差別の解消の推進に関する法律」（平成25年法律第65号）は、2016（平成28）年4月に施行された法律です。2006年12月に国際連合総会において採択された「障害者の権利に関する条約」（国連障害者権利条約）批准に向けての国内法整備の一環として制定されました。2021（令和3）年には一部改正され、改正法が2024（令和6）年4月に施行されました。

この法律では、第7条第2項で行政機関等に、第8条第2項で民間事業者に障害者への合理的配慮の提供を義務づけています。また、第5条で行政機関等と民間事業者の双方に、合理的配慮を的確におこなう

ための環境整備（事前的改善措置）に努めることとしています。

　この法律でいう合理的配慮の定義は、「障害者の権利に関する条約」における定義が用いられています。すなわち、「障害者が他の者との平等を基礎として全ての人権及び基本的自由を享有し、又は行使することを確保するための必要かつ適当な変更及び調整であって、特定の場合において必要とされるものであり、かつ、均衡を失した又は過度の負担を課さないものをいう」（条約第2条）です。

　なお、この法律の第6条第1項では、政府に「障害を理由とする差別の解消の推進に関する基本方針」の策定を義務づけています。現行の基本方針は、2023（令和5）年3月に閣議決定され、2024（令和6）年4月に施行されました。この基本方針では、障害者を「障害者手帳の所持者に限られない」としています。また、合理的配慮や環境整備などの基本的な考え方を示しています。「筆談、読み上げ、手話、コミュニケーションボードの活用などによるコミュニケーション、振り仮名や写真、イラストなど分かりやすい表現を使って説明をするなどの意思疎通に係る対応を行うこと」など、合理的配慮の例も記載されています。

⇒「著作権法」と「著作権法施行令」

　「著作権法」（昭和45年法律第48号）では、複製権などの著作権は著作権者が専有するとしています。したがって、複製などをおこなおうとするときは、著作権者の許諾が必要となります。しかし、「著作権法」には著作権者の著作権を制限（権利制限）し、著作権者の許諾なく複製などをおこなうことのできる規定（例外規定）を設けています（第30条〜第50条）。

　読書バリアフリーに関わる権利制限の規定のおもなものとしては、

「視覚障害者等のための複製等」（第37条）、「聴覚障害者等のための複製等」（第37条の2）、「営利を目的としない上演等」（第38条）などが挙げられます。ここでは、「視覚障害者等のための複製等」と「営利を目的としない上演等」について説明します。

　「著作権法」第37条第1項によって、点字による複製、すなわち点字資料の製作は誰でもおこなうことができます（図書館でなくても可能）。また、同条第2項によって、点字データをUSBなどの記録媒体に記録したり、インターネットを介して配信したりすることも、誰でもおこなうことができます。同条第3項では、「視覚障害その他の障害により視覚による表現の認識が困難な者」を「視覚障害者等」と定義したうえで、「視覚障害者等」の「福祉に関する事業を行う者で政令で定めるもの」は、図書・雑誌・新聞などの「文字を音声にすることその他当該視覚障害者等が利用するために必要な方式により、複製し、又は公衆送信を行うことができ」ます。ただし、複製しようとする方式で既に出版・販売されているなど「公衆への提供又は提示が行われている場合は、この限りでない」とされています。

　「著作権法」第37条第3項にいう「視覚障害者等」と「視覚障害者等が利用するために必要な方式」の具体的な例示は、日本図書館協会など図書館関係5団体が2010（平成22）年2月に作成した「図書館の障害者サービスにおける著作権法第37条第3項に基づく著作物の複製等に関するガイドライン」（2019年11月一部改定）に記載されています。また、「福祉に関する事業を行う者で政令で定めるもの」については、「著作権法施行令」（昭和45年政令第335号）第2条に規定されており、国立国会図書館、公共図書館、大学図書館、学校図書館、視覚障害者情報提供施設（点字図書館）のほか、障害児入所施設や養護老人ホームなども含まれています。

　なお、「著作権法」第37条第1項により点字に複製された資料および同条第3項により「視覚障害者等が利用するために必要な方式」に複製された資料は、「視覚障害者等」に譲渡することも可能です（第47条の7）。

　また、これらの資料は「盲人、視覚障害者その他の印刷物の判読に障害のある者が発行された著作物を利用する機会を促進するためのマラケシュ条約」により、締結国と日本の認証された機関（AE：Accredited Entity　日本では「著作権法施行令」第2条に定める図書館等）との間で交換することも可能です。さらに、「サピエ」や「視覚障害者等用データ送信サービス」、「読書バリアフリー資料メタデータ共有システム」も、「著作権法」第37条第3項の公衆送信の規定を根拠に運用されています。

　「著作権法」第38条第1項では、図書館サービスなどの非営利・無料の事業であれば、対面朗読や読み聞かせなどの口述が可能となっています。

読書バリアフリー関連のその他の法律

①「障害者基本法」と基本計画

　1970（昭和45）年5月に施行された「障害者基本法」（昭和45年法律第84号）では、基本的施策の1つとして「情報の利用におけるバリアフリー化等」を挙げています（第22条）。また、同法第11条に基づき、政府は「障害者基本計画（第5次）」を2023（令和5）年3月に閣議決定しました。この計画には、「情報アクセシビリティの向上及び意思疎通支援の充実」が盛り込まれています。

②「図書館の設置及び運営上の望ましい基準」

「図書館の設置及び運営上の望ましい基準」（文部科学省告示第172号）は、2012（平成24）年12月に施行された文部科学省告示です。「図書館法」（昭和25年法律第118号）第7条の2に基づき定められました。

この基準には、「市町村立図書館は、高齢者、障害者、乳幼児とその保護者及び外国人その他特に配慮を必要とする者が図書館施設を円滑に利用できるよう、傾斜路や対面朗読室等の施設の整備、拡大読書器等資料の利用に必要な機器の整備、点字及び外国語による表示の充実等に努めるとともに、児童・青少年の利用を促進するため、専用スペースの確保等に努めるものとする」との記述があります。

また、「（高齢者に対するサービス）　大活字本、録音資料等の整備・提供、図書館利用の際の介助、図書館資料等の代読サービスの実施」、「（障害者に対するサービス）　点字資料、大活字本、録音資料、手話や字幕入りの映像資料等の整備・提供、手話・筆談等によるコミュニケーションの確保、図書館利用の際の介助、図書館資料等の代読サービスの実施」、「（外国人等に対するサービス）　外国語による利用案内の作成・頒布、外国語資料や各国事情に関する資料の整備・提供」、「（図書館への来館が困難な者に対するサービス）　宅配サービスの実施」といった記述もあります。

③「学校図書館ガイドライン」

「学校図書館ガイドライン」は、文部科学省通知「学校図書館の整備充実について」（28文科初第1172号）の別添資料として、2016（平成28）年11月に教育委員会等に発出されました。このガイドラインは、「学校図書館の運営上の重要な事項についてその望ましい在り方」を示しています。「特に特別支援学校の学校図書館においては、ボランティアの

協力は重要な役割を果たしている」との記述や、「発達障害を含む障害のある児童生徒や日本語能力に応じた支援を必要とする児童生徒の自立や社会参画に向けた主体的な取組を支援する観点から、児童生徒一人一人の教育的ニーズに応じた様々な形態の図書館資料を充実するよう努めることが望ましい。例えば、点字図書、音声図書、拡大文字図書、ＬＬブック、マルチメディアデイジー図書、外国語による図書、読書補助具、拡大読書器、電子図書等の整備も有効である」との記述があります。

④「第五次子どもの読書活動の推進に関する基本的な計画」

「第五次子どもの読書活動の推進に関する基本的な計画」は、「子どもの読書活動の推進に関する法律」（平成13年法律第154号）第８条にもとづき、政府が2023（令和５）年３月に閣議決定した計画です。基本的方針の１つに「多様な子どもたちの読書機会の確保」を掲げ、「障害のある子ども、日本語指導を必要とする子ども等、多様な子どもの可能性を引き出すための読書環境を整備」するとしています。

⑤「郵便法」と各種の約款

「郵便法」（昭和22年法律第165号）と日本郵便株式会社の約款には、図書館が視覚障害者等に対して資料を郵送により貸出をする際の料金の減免が規定されています。

「郵便法」第27条には第四種郵便物を規定し、そのなかに「盲人用点字のみを掲げたものを内容とするもの」と「盲人用の録音物又は点字用紙を内容とする郵便物で、郵便約款の定めるところにより、点字図書館、点字出版施設等盲人の福祉を増進することを目的とする施設（総務省令で定める基準に従い会社が指定するものに限る）から差し

出し、又はこれらの施設にあてて差し出されるもの」（これを「特定録音物等郵便物」という）が含まれています。日本郵便株式会社の「内国郵便約款」（2024年12月最終改正）の「第5表　第四種郵便物の料金」では、前述の第四種郵便物は無料とされています。

　また、日本郵便株式会社の「ゆうパック約款」（2024年10月最終改正）によると、「聴覚障害者用ゆうパック」を用いることで、割引料金で、図書館や聴覚障害者情報提供施設などから聴覚障害者に対して「ビデオテープその他の録画物」の貸出・返却のために発受することができます。さらに、日本郵便株式会社の「ゆうパケット約款」（2023年10月最終改正）によると、図書館と重度の身体障害者または重度の知的障害者との間で図書の貸出・返却のための「心身障害者用ゆうメール」があります。通常のゆうメールの半額の料金で発受することができます。なお、「心身障害者用ゆうメール」では、DAISYなどCD形態の資料は発受できません。

⑥「高齢者、障害者等の移動等の円滑化の促進に関する法律」（バリアフリー新法）と円滑化基準

　「高齢者、障害者等の移動等の円滑化の促進に関する法律」（平成18年法律第91号）は、2006（平成18）年12月に施行された法律です。「高齢者、障害者等の移動上及び施設の利用上の利便性及び安全性の向上の促進を図り、もって公共の福祉の増進に資すること」を目的としています。

　延べ床面積2000㎡未満の図書館などの施設では、「建築物移動等円滑化基準」（「同法施行令」第11条〜第23条）に適合するよう努めることとし、2000㎡以上の施設にあってはこの基準に適合する義務があります。なお、「建築物移動等円滑化基準」では、廊下、階段、ト

イレ、駐車場、標識などについて基準を示しています。

⑦「障害のある児童及び生徒のための教科用特定図書等の普及の促進等に関する法律」（教科書バリアフリー法）

「障害のある児童及び生徒のための教科用特定図書等の普及の促進等に関する法律」（平成20年法律第81号）は、2008（平成20）年9月に施行された法律です。2024（令和6）年に一部改正され、同年7月に施行されました。「教科用特定図書等の普及の促進等を図り、もって障害その他の特性の有無にかかわらず児童及び生徒が十分な教育を受けることができる学校教育の推進に資すること」を目的としています。

障害のある児童生徒と「日本語に通じない」児童生徒（日本語指導をうける外国にルーツのある児童生徒）のための教科用特定図書（点字教科書、拡大教科書、音声教材）の発行と普及の促進、小学校・中学校における無償給与などが規定されています。

⑧「障害者による情報の取得及び利用並びに意思疎通に係る施策の推進に関する法律」（障害者情報アクセシビリティ・コミュニケーション施策推進法）

「障害者による情報の取得及び利用並びに意思疎通に係る施策の推進に関する法律」（令和4年法律第50号）は、2022（令和4）年5月に施行された法律です。「全ての障害者が、社会を構成する一員として社会、経済、文化その他あらゆる分野の活動に参加するためには、その必要とする情報を十分に取得し及び利用し並びに円滑に意思疎通を図ることができることが極めて重要であることに鑑み」、「障害者による情報の取得及び利用並びに意思疎通に係る施策を総合的に推進し、もって全ての国民が、障害の有無によって分け隔てられることなく、

相互に人格と個性を尊重し合いながら共生する社会の実現に資すること」を目的としています。基本理念、国・地方公共団体・事業者の責務、基本的施策などを定めています。この法律を意識して、図書館や出版社などが発信、提供する情報のアクセシビリティや、窓口等での利用者とのコミュニケーションに配慮されているかどうか、改めて確認したいところです。

【文献】

日本図書館協会障害者サービス委員会編『図書館利用に障害のある人々へのサービス［下巻］：先進事例・制度・法規編　補訂版』日本図書館協会，2021年

野口武悟・植村八潮編著『改訂　図書館のアクセシビリティ：「合理的配慮」の提供へ向けて』樹村房，2021年

野口武悟『読書バリアフリーの世界：大活字本と電子書籍の普及と活用』三和書籍，2023年

「読書バリアフリー」を理解するためのブックリスト

Chapter 7

読書バリアフリー全般

『読書バリアフリー 見つけよう！ ―自分にあった読書のカタチ』
読書工房・編著　国土社　2023年

『読書バリアフリーの世界 ―大活字本と電子書籍の普及と活用』
野口武悟・著　三和書籍　2023年

『アクセシブルブック　はじめのいっぽ ―見る本、聞く本、触る本』
（デジタル一滴シリーズ）
宮田和樹、馬場千枝、萬谷ひとみ・著　ボイジャー　2024年

公共図書館における読書バリアフリー

『図書館利用に障害のある人々へのサービス　上巻　補訂版　利用者・資料・サービス編』

『図書館利用に障害のある人々へのサービス　下巻　補訂版　先進事例・制度・法律編』（JLA図書館実践シリーズ）
日本図書館協会障害者サービス委員会・編　日本図書館協会　2021年

『平井先生。図書館では、視覚障害がある方に向けてどんな支援ができるの？ ―ストーリーでわかる視覚障害者サービスの考え方』
（教えて！ 先生シリーズ）
平井利依子・監修　DBジャパン　2023年

『公共図書館でできる知的障害者への合理的配慮』

藤澤和子・編著　樹村房　2019年

『図書館員のための「やさしい日本語」』(JLA Booklet 15)

阿部治子、加藤佳代、新居みどり・編著　日本図書館協会　2023年

学校図書館における読書バリアフリー

『学校の「読書バリアフリー」はじめの一歩　―学校図書館10の事例』

野口武悟・編著　学事出版　2024年

『多様性と出会う学校図書館　――一人ひとりの自立を支える合理的配慮
へのアプローチ』

野口武悟、成松一郎・編著　読書工房　2015年

障害のある人にとっての読書バリアフリー

『読み書き障害(ディスレクシア)のある人へのサポート入門』

河野 俊寛 、平林ルミ・著　読書工房　2022年

『読めない人が「読む」世界　―読むことの多様性』

マシュー・ルベリー 著　片桐 晶・訳　原書房　2024年

『みんな水の中 ―「発達障害」自助グループの文学研究者はどんな世界
に棲んでいるか』(シリーズ ケアをひらく)

横道 誠・著　医学書院　2021年

『やさしい日本語ってなんだろう』(ちくまプリマ―新書)

岩田一成・著　筑摩書房　2024年

索引

●アルファベット

ABSC→アクセシブル・ブックス・サポートセンター
AD/HD ……………………………………………………………… 85
Amazon ……………………………………………………… 57, 125
CD …………………………………………………………… 56, 110
CSR…………………………………………………………………… 122
DAISY……………………………………………………………… 43
DAISY教科書………………………………………………… 42, 45, 137
DAISYコンソーシアム…………………………………………… 43
DAISYデータ……………………………………………… 43, 44, 115, 116
DVD ………………………………………………………………… 72
EPUB ………………………………………………………… 77, 123
EYEマーク…………………………………………………………… 40
GIGAスクール構想 …………………………………………… 86, 133
Google翻訳 ………………………………………………………… 137
ICT活用……………………………………………………………… 86
IFLA ……………………………………………………… 38, 43, 44, 68
IQ …………………………………………………………………… 25
KADOKAWA ……………………………………………………… 54
Kindleストア……………………………………………………… 125
LF（lecture facil）協会 ……………………………………… 68, 69
LLブック ……………………………… 39, 44, 61, 83, 100, 115, 131, 146
PR ………………………………………………………………… 134
Quick Reads …………………………………………………… 68
SARTRAS ……………………………………………………… 120
TTS（Text to Speech）→音声読み上げ
WIPO……………………………………………………………… 41

●あ行

アウトリーチ……………………………………………………… 81
アクセシブル・ブックス・サポートセンター………………… 124
アマゾン→Amazon
アメリカ…………………………………………………………… 64

152

案内板	135
イギリス	32, 64, 68
石川倉次	34
市川沙央	19, 121
市田泰弘	28, 29
移動支援→ガイドヘルプ	
伊藤忠記念財団	76, 132
移動図書館	46, 81, 105
居場所	32, 87, 88
移民	31, 61, 135
医療的ケアを必要とする子ども	102
岩田美津子	58
岩橋武夫	35
インターネット	43, 56, 112, 113, 141, 143
運動障害	108
映画館	138
絵記号→ピクトグラム	
大きな文字の本	51, 52, 83, 92, 94
オーディオブック	44, 51, 56, 81, 105, 114, 124, 133, 137
大野更紗	128
オープンスペース	102
オトバンク	57
おはなし会	82, 98, 104, 105
音韻意識	22
音声ガイド	72, 138
音声教材	42, 86, 148
音声図書→音訳図書	
音声入力	20
音声読み上げ	24, 44, 74, 75, 77, 114, 124, 125, 126, 129, 137, 142
音訳図書	51, 57, 110, 111, 114, 120, 146
オンラインリクエスト	113

●か行

外国語による図書	146
外国にルーツのある人（子ども）	30, 31, 38, 42, 45, 66, 67, 70, 85, 86, 135, 148
介助（図書館利用の際の）	145
偕成社	58, 73

解説放送	72
回想法	32
ガイドヘルプ	17
外部有識者	103, 104
学習障害	21, 39, 69, 80, 133, 137
拡大教科書	42, 54, 85, 148
拡大写本	36, 40, 51, 52
拡大読書器	17, 108, 109, 146
拡大文字図書→大活字本	
カセットテープ	56, 110
課題図書	94
学校介護職員	102
学校司書	71, 88, 90, 97, 101, 103, 133
学校図書館	40, 66, 69, 70, 87, 88, 106, 114, 120, 129, 130, 133, 143
学校図書館ガイドライン	145
紙の種類・色	14
加齢	32, 53
眼球運動	85
環境整備	142
キーワード検索	126
企業の社会的責任→CSR	
擬似体験	15
木村晴美	28, 29
キャリア教育	99
教育委員会	133, 145
教員（教師）	85, 87, 88, 90, 101, 133
教員研修	88, 133
教科書バリアフリー法	41, 45, 54, 85, 86, 148
教室不足	99
共同声明	121
近畿視覚障害者情報サービス研究協議会	37, 63
筋ジストロフィー	19
筋疾患先天性ミオパチー	19
車いす対応机	108
言語学習制度	31
言語障害	20
言語聴覚士	21

現場実習………………………………………………………………	99
権利制限……………………………………………………………	41, 142
公共図書館……………… 16, 38, 54, 69, 70, 76, 106, 120, 131, 134, 135, 143	
高次脳機能障害………………………………………………………	32
公衆送信……………………………………………………………	41, 143
校正→文字校正	
講談社………………………………………………………………	54
校内居場所カフェ……………………………………………………	88
合理的配慮…………………………………………………………	42, 141
高齢者…………………………………………………………53, 81, 145	
国際子ども図書館…………………………………………………	115
国際図書館連盟→IFLA	
国際標準規格………………………………………………43, 77, 123	
国土社………………………………………………………………	61
こぐま社……………………………………………………………	58
国立国会図書館………………………… 43, 46, 115, 116, 143	
国立国会図書館関西館………………………………………………	115
国立情報学研究所…………………………………………………	44
国連障害者権利条約………………………………………………	29, 141
コミュニケーションボード………………………………………	142
コロナ禍…………………………………………… 44, 82, 86, 107	
コンパクトディスク→CD	

●さ行

埼玉福祉会………………………………………………………	53, 61
作業学習……………………………………………………………	99
サピエ（サピエ図書館）……………… 43, 93, 111, 113, 138, 144	
サブスクリプション………………………………………………	56
さわる絵本…………………………………………………………	83, 93
視覚記憶……………………………………………………………	22
視覚支援……………………………………………………………	28
視覚障害…………………… 11, 12, 14, 42, 56, 72, 80, 108, 114, 120, 136, 140	
視覚障害者情報提供施設→点字図書館	
視覚障害者等用データ送信サービス……………… 43, 116, 144	
視覚障害者読書権保障協議会………………………………………	37
視覚障害特別支援学校…………………………………40, 91, 114	
視覚認知……………………………………………………………	22

しかけ絵本………………………………………………	83
視線入力………………………………………………	20
肢体不自由……………………………… 18, 39, 42, 81, 102, 114, 140	
肢体不自由特別支援学校………………………………	102
失語症…………………………………………………	32
児童書………………………………… 54, 68, 100, 135	
シネマ・デイジー…………………………………… 112, 138	
自閉スペクトラム症…………………………………	85
字幕………………………………………… 72, 138, 145	
社会モデル……………………………………………	38
視野狭窄………………………………………………	14
弱視→ロービジョン	
羞明……………………………………………………	14
自由利用マーク………………………………………	40
授業目的公衆送信補償金等管理協会→SARTRAS	
樹村房…………………………………………………	61
出張貸出………………………………………………	81
出版社……………………………………… 114, 122, 149	
出版のユニバーサルデザイン…………………………	44
手話………………………………… 29, 73, 98, 135, 142, 145	
手話言語条例…………………………………………	30
手話動画………………………………………………	73
障害学生支援室………………………………………	106
障害児入所施設………………………………………	143
障害者基本計画………………………………………	144
障害者基本法…………………………………………	144
障害者サービス……………………………………… 38, 39	
障害者差別解消法…………………………………… 42, 141	
障害者情報アクセシビリティ・コミュニケーション施策推進法……… 30, 42, 148	
小学館………………………………………………… 54, 58	
上肢障害………………………………………………	117
ショートストーリー…………………………………	68
書体→フォント	
触読………………………………………………… 92, 138	
触覚………………………………………………… 27, 60	
資料のデジタル化………………………………… 42, 95, 109	
人工内耳………………………………………………	96

身体虚弱…………………………………………………… 105

新潮社…………………………………………………… 56

スウェーデン…………………………………………… 43, 61

図形認知………………………………………………… 22

スペイン………………………………………………… 68

スマートフォン……………………………… 72, 75, 113, 138

スローコミュニケーション…………………………… 67

生活年齢……………………………………………… 27, 100

精神障害………………………………………………… 108

世界知的所有権機関→WIPO

全国視覚障害者情報提供施設協会………………… 43, 112

全日本手をつなぐ育成会連合会……………………… 26

全日本ろうあ連盟……………………………………… 30

全盲→見えない

装丁……………………………………………………… 27

●た行

第一言語………………………………………… 28, 30, 73

大学教科書……………………………………………… 107

大学図書館………………………………… 106, 120, 143

大活字社………………………………………………… 53

大活字本…………………… 37, 44, 52, 115, 145, 146

体験会…………………………………………………… 133

代替テキスト…………………………………………… 107

代読・代筆…………………………… 17, 129, 136, 145

第二言語…………………………………… 28, 30, 73, 96

対面朗読（室）…………… 37, 80, 107, 108, 136, 144, 145

第四種郵便物…………………………………………… 146

宅配サービス………………………………………… 81, 145

多言語絵本の会RAINBOW …………………………… 66

多言語多読……………………………………………… 67

多言語の本、多言語電子絵本………………………… 66

タブレット端末……… 15, 20, 75, 82, 87, 113, 126, 129, 133, 137

多文化サービス………………………………………… 44

試し読み………………………………………………… 125

団体貸出（セット）……………………………… 83, 131

知的障害…………… 25, 39, 43, 61, 67, 81, 99, 100, 103

知的障害特別支援学校	99
知的年齢	27, 100
知能指数→IQ	
中心暗転	13
中途視覚障害	92, 138
聴覚	27
聴覚障害	28, 39, 70, 72, 96, 108
聴覚障害特別支援学校	96
超高齢社会	45
重複障害	104
著作権法	40, 115, 120, 142
著作権法施行令	40, 106, 142
通級指導	84, 88, 89
通所支援事業所	83
デイジー子どもゆめ文庫	77, 132
デイジー再生機	113
ディスレクシア	21, 39, 43, 55, 85, 114, 117, 129, 133, 136, 137
テキストDAISY	43, 112
テキストデータ	94, 95, 106, 107, 109, 114, 115, 116, 137
デジタルデバイド	47
デジタル図書	74, 75, 103
「テルミ」	58
テレビ	72
点字	17, 74, 138
点字教科書	42, 85
点字出力	74
電子書籍（電子図書）	20, 24, 44, 77, 80, 92, 105, 122, 124, 126, 140, 146
点字資料	43, 145
点字つき絵本（点字つきさわる絵本）	58, 131
点字つき絵本の出版と普及を考える会	58
点字ディスプレイ	74, 113
点字データ	95, 115, 116
点字図書	92, 94, 120, 146
点字図書館	16, 35, 36, 40, 93, 110, 120, 138, 143
電子図書館	44, 47, 57
「点字毎日」	34
点字郵便物の無料化	36

158

点字用郵便 ································· 111
点訳図書 ······························· 110, 111
てんやく広場 ······························ 43
ドイツ ·································· 31
同行援護制度 ····························· 17
統合プログラム ··························· 31
当事者 ······················21, 25, 28, 29, 39, 128
トーキング・ブック ······················ 35
読書工房 ······························· 54
読書スタイル ······················· 20, 50, 74
読書バリアフリー資料メタデータ共有システム ·········· 44, 144
読書バリアフリー法 ·············· 11, 42, 115, 140
特定録音物等郵便物発受施設 ················ 111
特別支援学級 ························· 76, 83
特別支援学校 ······················· 75, 76, 87
特別支援教育 ···························· 84
図書館ツアー ···························· 82
図書館の設置及び運営上の望ましい基準 ··········· 145
図書館利用に障害ある人々へのサービス ····· 38, 46, 80, 81
図書コーナー ······················· 103, 134
どらねこ工房 ···························· 37

●な行

ないーぶネット ·························· 43
内部障害 ··························· 81, 108
なごや会 ······························· 39
難病（難病患者） ····················· 121, 128
難民 ·································· 135
日本財団 ······························· 71
日本IBM ······························· 43
日本語 ·························· 28, 30, 73, 96
日本語対応手話 ·························· 29
日本児童教育振興財団 ···················· 58
日本弱視者ネットワーク ··················· 15
日本手話 ·························· 28, 96
日本図書館協会 ·············· 41, 44, 46, 54
日本障害者リハビリテーション協会 ·········· 76, 132

159

入院患者………………………………………………………	81, 105
認知症…………………………………………………………	32, 46
認知症フレンドリー社会…………………………………	32
布の絵本………………………………………………………	64, 93
ネット書店…………………………………………………	77, 125
脳性まひ………………………………………………………	18
納本制度………………………………………………………	115
ノーマライゼーション……………………………………	61
ノベライズ……………………………………………………	137

●は行

配色……………………………………………………………	74, 75
媒体変換……………………………………………………	106, 137
ハイライト表示……………………………………………	24, 75
パソコン…………………………………………	15, 90, 108, 126, 133
発達障害………………………………………	21, 42, 84, 86, 140, 146
発泡インク…………………………………………………	58
塙保己一（はなわ ほきいち）…………………………	33
バリアフリー映像資料……………………………………	115
バリアフリー新法…………………………………………	41, 147
バリアフリー図書…………………………	50, 51, 83, 86, 124, 131, 134
阪神淡路大震災……………………………………………	67
ピア・チューター…………………………………………	108
ピクトグラム………………………………………………	27, 135
筆談（筆談ボード）……………………………………	135, 142
びぶりおネット……………………………………………	43
ビューワー（電子書籍ビューワー）…………………	124, 126
病院……………………………………………………………	134
病弱特別支援学校…………………………………………	105
フィックス型………………………………………………	78, 123
フォント…………………………………	24, 53, 54, 74, 77, 123, 126, 129
ふきのとう文庫……………………………………………	64
福祉施設………………………………………………………	134
藤澤和子………………………………………………………	26, 61
不随意運動……………………………………………………	19
ブックトーク………………………………………………	135
ブックマーク機能…………………………………………	126

ブックモビル…………………………………………… 46

不登校……………………………………………………… 88

不読率……………………………………………………… 10

ふりがな→ルビ

ページめくり機能………………………………………… 126

ヘレン・ケラー…………………………………………… 35

ヘンリー・フォールズ…………………………………… 33

放課後等デイサービス…………………………………… 83

母語……………………………………… 30, 61, 66, 85, 96

補聴器……………………………………………………… 96

ボランティア………………… 33, 44, 56, 64, 75, 86, 93, 106, 111, 114, 120, 145

本間一夫…………………………………………………… 35

●ま行

まぶしさ…………………………………………………… 85

マラケシュ条約………………………………………… 41, 144

マルチメディアDAISY（図書）…………………………………
………………………………39, 43, 75, 82, 83, 87, 89, 93, 101, 112, 131, 132, 133, 146

マルチメディアDAISY教科書…………………………… 89

マンガ…………………………………… 21, 70, 77, 97

マンガナイト……………………………………………… 71

慢性疾患…………………………………………………… 105

見えない…………………………………… 12, 17, 74, 85

見えない障害……………………………………………… 128

見えにくい（見えにくさ）………………… 12, 52, 53, 74

短くて読みやすい本……………………………………… 68

みなサーチ………………………………… 43, 115, 137

耳マーク…………………………………………………… 135

むすびめの会……………………………………………… 45

盲学校→視覚障害特別支援学校

盲ろう……………………………………………………… 39

目次機能…………………………………………………… 126

文字・活字文化推進機構………………………………… 130

文字校正………………………………… 109, 111, 116

文字サイズ…………………… 24, 53, 54, 63, 74, 75, 77, 123, 126, 129

文字と音声の同期………………………………………… 75

文字放送…………………………………………………… 72

盛り上げ印刷……………………………………………………………… 59

●や行

やさしいことばニュース………………………………………………… 67
やさしい日本語…………………………………………………… 67, 135
養護老人ホーム…………………………………………………… 81, 143
ヨーロッパ………………………………………………………………135
読み上げソフト…………………………………………………………108
読み書き障害→ディスレクシア
よみがな→ルビ
読み聞かせ………………………………… 81, 98, 101, 104, 135, 144
読みにくい（読みにくさ）………………………… 18, 55, 68, 80

●ら行

ラーニングコモンズ……………………………………………………106
リーダー（電子書籍リーダー）………………………………………126
リーディングトラッカー（リーディングルーラー）………………129
リフロー型………………………………………………………… 78, 123
利用案内………………………………………………………… 135, 145
緑内障……………………………………………………………… 16, 138
理療科……………………………………………………………… 92, 95
りんごの棚……………………………………………………… 130, 134
ルイ・ブライユ………………………………………………………… 34
ルーペ…………………………………………………………………… 17
ルビ………………………… 24, 26, 63, 70, 76, 77, 97, 129, 135, 142
ろう者……………………………………………… 28, 29, 70, 73, 96
ロービジョン………………………………………… 12, 36, 53, 86
ロービジョンケア……………………………………………………… 16
録音資料………………………………………………………… 43, 145
録音図書………………………………………………………… 92, 138

●わ行

ワークショップ…………………………………………………………134
わいわい文庫…………………………………………………… 76, 89, 132
分かち書き……………………………………………………… 24, 129
わかりにくい（わかりにくさ）…………………………… 25, 68, 70

［執筆］

1章　読書バリアフリーとは
　　　読書のバリアを感じている人たち　**成松一郎**
　　　読書のバリアフリーの歴史　**野口武悟**
2章　さまざまなバリアフリー図書　**成松一郎**
3章　図書館における取り組み事例と現状　**成松一郎＋読書工房**
4章　出版社・書店における取り組み事例　**成松一郎**
5章　身近な場所ですぐできるサポートとは　**成松一郎**
6章　読書バリアフリー関連の法律・制度　**野口武悟**

成松 一郎（なりまつ　いちろう）

いくつかの出版社で書籍編集の仕事に携わった後、2004年に有限
会社読書工房を設立。障害のある人へのサポートや、読書バリア
フリーに関する書籍などを発行。また、専修大学で図書館司書課
程の講師として、これからの出版社・書店・図書館のつながり方
や、さまざまな立場の読者の特性とニーズなどを取り上げている。
おもな編著書に『五感の力でバリアをこえる ―わかりやすさ・
ここちよさの追求』（大日本図書）、『読書バリアフリー ―見つけ
よう！ 自分にあった読書のカタチ』（国土社）などがある。

野口 武悟（のぐち　たけのり）

専修大学文学部教授。公益社団法人全国学校図書館協議会理事長。
放送大学客員教授。筑波大学大学院博士課程修了、博士（図書館
情報学）。図書館情報学を専門とし、読書バリアフリー、障害者
サービス、子どもの読書活動、電子図書館などを研究している。
現在、文部科学省図書館・学校図書館の運営の充実に関する有識
者会議委員、同省視覚障害者等の読書環境の整備の推進に係る関
係者協議会委員、NPOブックスタート理事、日本特別ニーズ教育
学会理事などを務める。著書に『読書バリアフリーの世界 ―大
活字本と電子書籍の普及と活用』（三和書籍）他多数。

おわりに

　本書は、2024年秋に（公財）文字・活字文化推進機構が「読書バリアフリーサポーター養成講座」を開講したことをきっかけに、受講生やこの問題に関心のある方々向けに、基本的な知識とともに、より広くより深く学んでいただくためのテキストとして制作しました。

　この講座を始める契機となったのは、2023年秋に開催した学校図書館法公布70周年を記念するシンポジウムでした。その中で、翌2024年が読書バリアフリー法施行５周年となるにもかかわらず、その具現化が遅々として進まず、世の中に未だあまり浸透していない状況が指摘され、有識者からは喫緊の課題として、バリアフリー図書や設備の充実とともに、それを支えていく人材——サポーターを養成する重要性が提起されたのです。

　それを受け、機構では対策の一助として、直後に読書バリアフリーを支える人材を育てる、この「読書バリアフリーサポーター養成講座」を立ち上げることにしました。とはいえ、初めての試みです。まずはこの分野の有識者である、野口武悟・専修大学教授と読書工房の成松一郎代表に監修をお願いし、何度も打ち合わせをしながら、急ぎ進めることとなりました。最終的に講座は４回で構成、人数は30名程度といたしました。また全国から参加しやすいよう、座学はリアルとともに、動画を受講生限定でアーカイブ公開し、第３回まではレポート提出を義務づけ、最終回のみリアル参加の形にしました。本講座では、全盲や弱視、ディスレクシアなどのさまざまな障害をもつ方々にもご登壇いただき、当事者の立場から語っていただくことで、状況をより深く理解していただく機会としています。

2025年2月の4回目の最終講座には、全国から司書、教員、学生の
ほか、出版界・自治体・ボランティア関係者など1期生33人が集まり、
受講後には修了証も授与されました。この修了生たちが各地域で核と
なって活躍され、今後毎年期を重ねるごとに、その輪が広がっていく
ことを願ってやみません。

　本講座とは別に、もう1つの課題、バリアフリー図書の周知と図書館
などでの充実についても、少しずつ動き出しています。機構では有識
者にさまざまな障害に対応するバリアフリー図書約20数点を選んで
いただき、それを20セットに組んで、2023年11月末から全国の学校図書
館・公共図書館等を対象に、往復送料も無料にして、無償貸出をおこ
なう事業を始めました。おかげさまで開始当初から多数のお申し込み
があり、2023年度末までの4か月間に62館、2024年度は30セットに
増やし、1年で約250館に貸し出し、大きな反響をいただいています。
また各地で活動されるNPOやボランティア団体からの情報共有やご協
力を得て、セット内容も2024年度からは「多言語」「日本語多読」など、
より幅広い「読書困難」に対応できる資料を追加しました。このセット
巡回館のアンケートでは、「バリアフリー図書展示によって、周囲の理
解が深まった」「研修や学びに活用できた」「購入のきっかけになった」
など、うれしいお声もたくさん届いています。

　2023年、芥川賞を受賞した市川沙央氏の『ハンチバック』を皮切り
に、翌2024年の作家3団体や出版業界5団体による各共同声明も相次
ぎ、社会的な関心は高まってきています。「読書から誰ひとり取り残さ
ない社会」の速やかな実現を目指し、危機感を共有する多くの方々の
思いが結集し、着実に進んでいければと強く願っています。

2025年3月

公益財団法人 文字・活字文化推進機構 専務理事　町田智子

読書バリアフリーサポーター養成講座

主催：公益財団法人 文字・活字文化推進機構
後援：一般社団法人出版文化産業振興財団、読売新聞社、活字文化推進会議、公益社団法人全国学校図書館協議会

　読書活動を推進していくうえで、近年大きな課題として位置付けられてきた「読書バリアフリー」。「誰ひとり取り残さない」という観点から、一人ひとりの読書スタイルを尊重し、自分にあった読み方を見つけてもらうために、多様性や包括性を活かした読書環境の整備が不可欠です。

　読書環境の整備を進めていくためには、広い意味で「本」にかかわる立場の人（図書館関係者、学校司書、教員、書店員、出版関係者、読書ボランティアなど）が、さまざまな立場の人が読書におけるバリアに直面していることを知り、自分の仕事や活動などを通して、どのようなサポートが可能なのかを考える機会が求められてきました。

　そこで、2024年度から「読書バリアフリーサポーター養成講座」を開講しました。

　この講座を通して、受講生にはつぎのようなことを目指していただきたいと願っています。

- 読書バリアフリーを「他人ごと」としてではなく、「自分ごと」としてとらえること。また周囲にそういう人を増やしていくこと

- さまざまな立場から「読書バリアフリー」を求めている人の特性やニーズについて知ること

- 仕事や活動などを通して、自分にできるサポートとはなにかについて考えていくこと

- サポートを求められた際、読書バリアフリーにつながるサービスや機器、機関・団体などの情報について、適切に提供すること

講座内容例 （2024年度 全4回）

第1回

読書バリアフリー総論①「読書困難の実態と障害に応じたニーズを知る」

読書バリアフリー総論②「読書バリアフリーの歴史」

第2回

おもなバリアフリー図書の紹介

取り組み事例紹介①　〜点字図書館編〜

第3回

取り組み事例紹介②　〜学校・大学図書館編〜

取り組み事例紹介③　〜公共図書館編〜

取り組み事例紹介④　〜国会図書館編〜

取り組み事例紹介⑤　〜出版界・書店編〜

第4回

読書サポート概論

読書のバリアを抱える当事者から　〜ロービジョン編〜

読書のバリアを抱える当事者から　〜学習障害編〜

読書のバリアに寄り添う支援者から　〜外国ルーツ編〜

　今後、本講座は、第1回〜第3回をアーカイブ受講、第4回は現地受講となります。講座を年に複数回開催することで、より多くの方にご参加いただけるよう、運営していく予定です。

　講座について詳しく知りたい方は、以下のサイトを参照してください。

https://www.mojikatsuji.or.jp

※ 2024年度・2025年度、本講座は、一般社団法人授業目的公衆送信補償金等管理協会（SARTRAS）の共通目的基金の助成のもと実施。

読書バリアフリー
サポート入門
誰もが読書を楽しめる社会へ

2025年4月1日初版発行

[発行]
有限会社 読書工房
〒171-0031
東京都豊島区目白2-18-15 目白コンコルド115
電話:03-6914-0960
ファックス:03-6914-0961
Eメール:info@d-kobo.jp
https://www.d-kobo.jp/

[著]成松一郎・野口武悟
[編]読書工房
[特別協力]公益財団法人 文字・活字文化推進機構
[編集担当]村上 文
[装丁デザイン]諸橋 藍
[印刷製本]株式会社厚徳社

©Narimatsu Ichiro, Noguchi Takenori 2025
printed in Japan

本書は、一般社団法人授業目的公衆送信補償金等管理協会(SARTRAS)の
共通目的基金の助成を受け制作されています。